LE DÉFI QUÉBÉCOIS

CHRISTIAN DUFOUR

Le défi québécois

essai

l'HEXAGONE

Éditions de l'HEXAGONE
Une division du groupe
Ville-Marie Littérature
1000, rue Amherst, bureau 102
Montréal (Québec)
H2L 3K5
Tél.: (514) 523-1182
Télécopieur: (514) 282-7530

Maquette de couverture: Claude Lafrance
Illustration de couverture: Nicolas Letarte

Photocomposition: Les Ateliers C.M. inc.

Distribution: Diffusion Dimedia inc.
539, boulevard Lebeau
Saint-Laurent, Québec H4N 1S2
Téléphone: (514) 336-3941; télex: 05-827543

Dépôt légal: 3e trimestre 1989
Bibliothèque nationale du Québec
Bibliothèque nationale du Canada

À Gilles.

AVANT-PROPOS

Le point de départ de ce livre est d'ordre personnel. Né en 1949, je n'ai pas vraiment de souvenirs de la vie politique avant la Révolution tranquille. Par ailleurs, je suis originaire du Saguenay-Lac-Saint-Jean, l'une des régions les plus françaises du Québec, colonisée au siècle dernier en réaction à l'exode des Canadiens français aux États-Unis. Un de mes frères avait l'habitude de dire: «Quand j'ai appris, vers cinq ou six ans, qu'il y avait des gens qui ne parlaient pas français, j'ai été étonné. Plus tard, quand j'ai réalisé qu'il y avait plus d'Anglais que de Français au Canada, cela m'a bouleversé.» Quand on fait partie de cette génération-là, quand on vient de cette région-là, il est difficile de ne pas être nationaliste et sensible à la notion de pouvoir québécois.

À compter de 1975, j'ai travaillé une douzaine d'années dans le domaine des relations fédérales-provinciales, pour le gouvernement du Québec. Le côté auto-destructeur de l'action politique des Québécois m'a semblé clairement démontré par ce qui est arrivé entre 1965 et 1982: une révision constitutionnelle, enclenchée en réponse à l'insatisfaction historique du Québec, a abouti à l'affaiblissement de ce dernier, et ce à la suite pour l'essentiel de l'action de Québécois. Les Canadiens anglais sont restés spectateurs. Le seul pouvoir contrôlé par les francophones de façon institutionnelle diminue, trop souvent en raison de gestes posés par des francophones.

La recherche dont ce livre est l'aboutissement fut effectuée dans le cadre de l'Institut de recherche politique (IRP). Il y avait là un choix. Comportant au sein de son comité de direction des représentants des gouvernements fédéral et provinciaux, l'IRP est un peu à l'image du

Canada. Formellement bilingue conformément à l'idéal trudeauiste, l'organisme a peu de contacts avec le Québec français issu des années 60.

Cet essai est marginal par rapport aux travaux habituellement parrainés par l'IRP, en raison particulièrement de son caractère personnel. L'un des grands mérites de l'Institut de recherches politiques fut de n'avoir pas été réfractaire à une entreprise qui lui était, sous plusieurs aspects, étrangère. Comme l'est encore le Québec au sein du Canada.

Enfin, le texte qui suit serait d'une lecture plus laborieuse si cela n'avait été des judicieuses remarques et des innombrables suggestions, à titre gracieux, d'Henriette Dufour-Théberge. Je tiens à la remercier tout particulièrement.

Changer ce qui peut l'être, respecter ce qui ne peut être changé et savoir, surtout, faire la différence entre les deux.

Cela n'empêche pas la souffrance devant ce qui ne peut être changé, mais devrait l'être. Cela n'empêche pas les regrets.

INTRODUCTION

Il est question de la conquête de 1763, de la rébellion de 1837 et de bien d'autres événements historiques dans cet ouvrage, particulièrement dans le chapitre qui suit. Ce n'est pourtant pas un livre d'histoire, mais un essai politique sur le Québec et le Canada contemporains. Pour préparer l'avenir, en arriver à modifier des comportements dépassés dont les racines sont profondes, on gagne à savoir pourquoi tel ou tel réflexe fut adopté. C'est l'un des moyens d'éviter de se donner simplement l'illusion du changement, ou de changer pour pire.

Il apparaît de plus en plus clairement que le Québec est mal intégré dans le cadre canadien. C'est particulièrement vrai depuis le jugement de la Cour suprême du Canada sur la langue de l'affichage commercial, en décembre 1987. Les événements des vingt-cinq dernières années ont empiré une situation devenue potentiellement dangereuse. Alors qu'à peu de choses près l'Acte de l'Amérique du Nord britannique se contentait en 1867 d'ignorer le nationalisme canadien-français de l'époque, la société québécoise est depuis 1982 en compétition avec une vision constitutionnalisée du Canada, qui ne lui est pas compatible. Dans l'hypothèse la plus pessimiste, il y a risque d'enlisement dans une situation inextricable, du genre de celle que l'on retrouve en Irlande du Nord.

Cet essai tente de faire la démonstration de deux paramètres, qui sembleront inconciliables à certains. Tout d'abord, le Canada est profondément dépendant de la conquête de 1763, c'est-à-dire de la confiscation des conséquences politiques découlant spontanément de la spécificité québécoise. Cela ressort plus que jamais lorsque le Québec — l'ancienne nation canadienne des Patriotes et au départ la seule véritable nation au pays — est incapable de se faire reconnaître, au sein du Canada, comme une modeste société distincte. L'autre paramètre est que, dans le contexte géopolitique nord-américain, le Québec tire avantage de l'existence d'un Canada politiquement opérationnel. Dans la mesure du possible, il vaut mieux pour les francophones être à l'intérieur qu'à l'extérieur du Canada.

On parlera souvent dans ce livre d'identité québécoise et d'identité canadienne, plutôt que de Québécois ou de Canadien. C'est pour rendre compte du fait qu'au Québec les deux identités peuvent être extrêmement enchevêtrées au sein des mêmes individus. Par ailleurs, ce concept permet une profondeur historique, car il inclut les éléments structurants qui furent déterminants dans le processus de formation des identités étudiées. Si ces éléments sont souvent oubliés des Québécois et des Canadiens, ils n'en demeurent pas moins présents dans leur inconscient collectif. Il importe de ne pas confondre l'expression «identité québécoise», utilisée en ce sens, avec la perception que les Québécois peuvent avoir, à un moment ou à un autre, de ce qu'ils sont. Le mouvement des vagues à la surface de l'océan n'est pas une indication très fiable de l'intensité du courant dans les profondeurs.

L'étude du processus de formation des identités québécoise et canadienne permet aussi d'utiliser certaines notions de psychologie. Cela ne manque pas d'être utile, car le phénomène national est en grande partie de nature psychologique. Sous cet aspect, cet essai n'est qu'une sommaire incursion sur un terrain très riche, encore à explorer. Car les Québécois restent encore très affectés par les séquelles de l'abandon/conquête qu'ils ont subi au XVIIIe siècle, et qui demeure refoulé dans leur inconscient collectif.

L'abandon du Canada par la mère patrie française, la conquête par l'Angleterre faisaient suite à une guerre longue et terrible. La jeune identité québécoise en formation devait en être à jamais marquée. Le traumatisme originel fut presque immédiatement refoulé dans l'inconscient collectif des anciens Canadiens, car ils ne disposaient pas d'une bourgeoisie assez forte pour gérer l'événement sur le plan politique. Par ailleurs, leur état de choc rendit les vaincus très sensibles à la conduite exemplaire des Britanniques pendant les années d'occupation militaire, entre la défaite de 1759-1760 et la Conquête proprement dite.

Après que le Conquérant eût mis en place en 1764 une administration civile oppressive, certains Britanniques estimèrent dans leur intérêt de prendre le parti des anciens Canadiens, dont le pouvoir d'enracinement et de séduction était considérable. Ces Britanniques aidèrent à l'adoption de l'Acte de Québec qui reconnut en 1774 les droits nationaux essentiels des anciens Canadiens.

De facto, des Britanniques firent donc office d'élite pour les ancêtres des Québécois, à un moment crucial de la formation de leur identité collective. Plus tard, le traumatisme refoulé rendra politiquement irréalistes et idéalistes les nouvelles élites qui se développeront à compter des années 1790. Cela ne sera pas étranger à l'échec de la rébellion des Patriotes en 1837-38.

Cela n'est pas étranger non plus au problème québécois, au problème canadien d'aujourd'hui. C'est un peu l'équivalent d'une névrose chez un individu, qui lui ferait désirer, intensément et en même temps, des choses incompatibles. Cela se manifeste par la tendance des Québécois à ne pas être collectivement réalistes en politique: ils ont du mal à promouvoir des solutions correspondant à leur situation objective et à leur intérêt à long terme. Cette réalité fut longtemps masquée par toute une série de Québécois qui eurent individuellement beaucoup de succès sur la scène politique. Pour une trop grande partie, ces énergies furent gaspillées les unes contre les autres: un exemple récent a été l'antagonisme ayant opposé M. Pierre Elliott Trudeau à M. René Lévesque.

La synthèse se fait mal entre les deux pôles qui existèrent toujours au Québec, comme dans les autres sociétés: sur le plan interne, l'organisation d'une société française; sur le plan externe, la participation à l'ensemble canadien et nord-américain. Le premier pôle va de l'intendant Talon au Parti québécois, en passant par la Révolution tranquille de Jean Lesage. Les coureurs de bois de la Nouvelle-France, qui explorèrent le continent, illustrent le second volet, avec les Cartier, les Laurier, les Trudeau.

Lorsqu'ils œuvrent dans l'un ou l'autre volet, les Québécois font preuve d'un idéalisme qui empêche par la suite une synthèse féconde des deux tendances. Ainsi, ces dernières années, le Canada a été changé en conséquence de l'action de Québécois sur la scène fédérale, ces changements ayant été constitutionnalisés en 1982. Quant à elle, la société québécoise a subi une mutation depuis la Révolution tranquille, le symbole de cette transformation étant la Charte de la langue française. Ces deux dynamiques s'opposent foncièrement: le Canada bilingue idéal de M. Trudeau est incompatible avec le Québec français idéal de la loi 101.

Il ne s'agit plus d'un problème exclusivement québécois, mais d'un phénomène affectant tout le Canada. Le pays aurait à affronter les conséquences pernicieuses de son idéalisme, dans l'hypothèse même où le Québec ferait sécession. Par ailleurs, depuis le référendum de 1980, l'indépendance du Québec n'est plus un concept politique opérationnel, à court sinon à long terme. Il n'est pas sûr que l'on doive se réjouir de ne pas disposer de cette possibilité de solution, à laquelle ne peuvent s'empêcher de rêver un nombre croissant de Québécois, et sans doute de Canadiens anglais. On peut les comprendre de vouloir en finir une fois pour toute avec un problème qui n'en finit plus de pourrir.

Jusqu'à présent, les élites politiques canadiennes-anglaises sont restées largement spectatrices. Pour résoudre un problème qu'elles eurent toujours de la difficulté à comprendre ou qu'elles ne voulaient pas comprendre, elles se sont fiées à des Québécois dont la fidélité première allait au Canada. Historiquement, le Canada anglais a été le grand bénéficiaire de la Conquête. Dans un pays bâti sur cette dernière, le premier réflexe est souvent de nier l'existence même du problème québécois. Ce désintéressement, cette négation s'accentuent, alors que le problème, lui, devient plus grave et plus canadien que jamais.

À la suite principalement des efforts de Québécois, le Canada présente aujourd'hui une image plus cartésienne: formellement indépendant de la Grande-Bretagne, bilingue et multiculturel, avec dix provinces égales en statut et des citoyens protégés par une Charte constitutionnelle des droits. Le pays a cependant perdu en souplesse ce qu'il a gagné en cohérence. En effet, cette belle structure n'est pas efficace en regard des deux problèmes auxquels le pays est confronté sur le plan interne: le nationalisme québécois et l'aliénation régionale, surtout dans l'Ouest. Car le provincialisme[1] du système, accentué par le refus de reconnaître les conséquences politiques de la spécificité québécoise, atteint maintenant des sommets jamais vus. Cela empêche les problématiques régionales de s'exprimer de façon productive.

Or, l'identité canadienne est trop fragile pour relever le défi du rendez-vous avec le voisin américain, si elle n'intègre pas mieux les dynamismes québécois et régionaux. Le délabrement de la structure politique canadienne rend périlleuse l'intégration économique canado-américaine, dont les conséquences politiques ne peuvent être que considérables.

Pour s'attaquer au problème, on aurait besoin, de la part des hommes et des femmes politiques du Canada anglais, d'une clairvoyance et d'un leadership dont ils ne semblent pas être capables de faire preuve. Cela ne saurait dispenser le Québec d'exorciser certains des démons qui le hantent depuis plus de deux siècles et hypothèquent son avenir, quel qu'il soit.

CHAPITRE 1

Un peu d'histoire

Un enfant en bas âge, abandonné par ses parents, a été adopté par d'autres. Il n'a pas réagi à la situation, a semblé même sur le coup s'en réjouir. Il s'est rapidement attaché à ses beaux-parents, qui l'aiment bien. Sa nouvelle mère, en particulier, a beaucoup d'affection pour lui, même si son nouveau père ne peut s'empêcher, parfois, de le trouver différent du reste de la famille.

L'enfant donne l'impression d'avoir tout oublié. Il a bel et bien tout oublié.

L'adulte porte en lui la blessure du drame vécu en silence par l'enfant désespéré.

Déjà, sous le régime français, on appelait la Nouvelle-France le Canada; ses habitants étaient connus sous le nom de Canadiens. Ce fut la seule appellation des ancêtres des Québécois jusqu'à l'Union, en 1840, les autres s'appelant d'eux-mêmes les Britanniques — the British. Le terme Canadiens est employé en ce sens dans le chapitre qui suit. Dans le reste du livre, on utilisera l'expression «anciens Canadiens».

L'IMPENSABLE

Aujourd'hui, le seul événement que la plupart des Québécois retiennent généralement de la conquête de la Nouvelle-France par l'Angleterre est la bataille des plaines d'Abraham. On a eu parfois tendance, ces dernières années, à la considérer davantage comme une escarmouche que comme quelque chose de vraiment important, à cause sans doute du nombre limité de soldats impliqués des deux côtés et du fait que l'affaire fut réglée en moins d'une demi-heure.

La victoire de Wolfe sur Montcalm le 13 septembre 1759, sur un plateau dominant le Saint-Laurent à la hauteur de Québec, est pourtant mentionnée dans tous les bons livres d'histoire universelle. Elle est le premier signal clair, pour l'observateur perspicace, que l'hégémonie mondiale est en train de passer de la France à l'Angleterre: l'Amérique sera anglo-saxonne. En ce sens, la bataille des plaines d'Abraham est plus importante que la formidable défaite — dans le bruit, la fureur et la gloire — de Napoléon à Waterloo, cinquante-six ans plus tard.

On se souvient en général des plaines d'Abraham, mais à peu près tout le monde a oublié que cette bataille et la conquête de la Nouvelle-France en général faisaient suite à une guerre longue et terrible, de loin la plus éprouvante qui se soit jamais déroulée en sol québécois ou canadien. En septembre 1760, les vainqueurs avaient devant eux un peuple prostré. Les vaincus faisaient manifestement pitié à voir. Cela n'est pas indifférent en ce qui concerne la suite de notre récit.

La Nouvelle-France avait perdu dans la guerre, dit Lionel Groulx, pas moins du septième d'une population évaluée à 65,000 personnes en 1765. Les campagnes avaient été dévastées. Les armées britanniques avaient systématiquement incendié les villages le long des deux rives du Saint-Laurent, en aval de Québec: jusqu'à Baie Saint-Paul sur la rive nord, jusqu'à la rivière Ouelle sur la rive sud. Après deux mois de siège et de bombardements, il ne restait dans la basse-ville de Québec qu'une seule maison. La majorité des Habitants étaient sous les drapeaux depuis des années; ceux qui ne l'étaient pas s'étaient réfugiés, durant la dernière période de l'invasion, dans les bois environnants. La guerre avait apporté la misère. À la fin, ce fut la famine.

Il y eut aussi la peur, alimentée par la propagande, française comme anglaise. La célèbre proclamation de Wolfe, datée du 27 juin 1759, avait de quoi frapper l'imagination: «Si, au contraire, un entêtement déplacé et une valeur imprudente leur font prendre les armes, qu'ils (les Canadiens) s'attendent à souffrir tout ce que la guerre offre de plus cruel, s'il leur est aisé de se représenter à quel excès se porte la fureur d'un soldat effréné[1].»

La propagande française n'avait pas eu de mal à convaincre les Canadiens qu'ils risquaient en cas de victoire anglaise d'être au mieux déportés, au pire exécutés sommairement. La déportation des Acadiens, l'un des chapitres déshonorants de l'histoire coloniale anglaise, venait tout juste d'avoir lieu, tout près, au début de la même guerre. Certains des malheureux déportés s'étaient réfugiés à Québec, ce qui ne pouvait manquer de susciter des doutes sur la magnanimité d'éventuels vainqueurs anglais. Il faut garder enfin à l'esprit que nous regardons l'Angleterre de 1760 avec la connaissance de l'évolution ultérieure de ce pays et de l'Occident en général vers un degré supérieur de tolérance. Pour les Canadiens, l'Anglais était l'ennemi héréditaire, avec ce que cela impliquait de haine et de crainte.

L'annonce, entre la capitulation de Québec et celle de Montréal, que la France suspendait le paiement de la monnaie de papier, qu'on avait forcé depuis plusieurs années les Canadiens à accepter, confirma de façon concrète pour chacun l'abandon de la mère patrie: elle n'avait plus envoyé de bateau depuis 1758. C'était une fin de régime digne de la scandaleuse administration de la colonie durant la guerre, par le fameux intendant Bigot. Comble de malchance, les Canadiens abandonnés perdirent entre les deux capitulations le seul leader naturel qui leur restait: le dernier évêque de la Nouvelle-France, Mgr de Pontbriand, décédait le 8 mai 1760.

On toucha vraiment le fond lors des capitulations elles-mêmes, celle de Québec en septembre 1759 et celle de Montréal un an plus tard. Dans un pays où chaque colon avait toujours possédé son fusil, le désarmement des Habitants lors de cérémonies regroupant plusieurs paroisses à la fois suscita beaucoup d'émotion. L'événement touchait tout le monde; hautement symbolique, il fut vécu comme une dégradation. On était dans tous les sens du mot désarmé. Sans défense, vulnérable.

Et l'occupation militaire — le pire — restait à venir.

Mais alors que Montréal est toujours française, on est déjà à Québec sous contrôle anglais. Et l'on respire un peu mieux: il n'y a pas eu, jusqu'à maintenant du moins, d'exécution sommaire.

*

De la capitulation de Montréal en septembre 1760 à l'entrée en fonction du premier gouverneur civil anglais, James Murray, en août 1764, c'est l'occupation militaire de la colonie par les armées britanniques: le pays est soumis à la loi martiale. La Conquête n'est pas encore un fait accompli, car la guerre entre la France et l'Angleterre se poursuit ailleurs. On n'est plus sous le régime français; on n'est pas encore sous le régime anglais.

Ces quatre années seront cruciales. Elles marqueront de façon permanente la jeune identité canadienne en formation. Il est difficile de comprendre les problèmes auxquels sont confrontés le Québec et le Canada d'aujourd'hui si on ne tient pas compte de ce qui est arrivé à ce moment-là. Alors que les Canadiens sont en état de choc, alors qu'ils entrent dans la phase qui devrait être normalement la plus terrible, la conduite des militaires britanniques s'avèrera correcte. Plus encore, exemplaire.

Michel Brunet, historien québécois peu suspect de complaisance sur cette question, écrit que «la générosité du Conquérant, sa bienveillance, son souci de l'intérêt général, son esprit de justice lui acquirent le cœur des vaincus[2]». Non seulement l'intégrité physique des Canadiens n'est-elle en aucun cas menacée, mais il devient rapidement clair qu'il n'est pas question de déportation. Au contraire, on a peur que les Canadiens n'émigrent, comme le traité de Paris leur en donnera le droit en 1763.

Les occupants rivalisent d'intelligence et de bienveillance durant cette période où l'on ne sait pas encore si l'Angleterre gardera le Canada. Pour l'essentiel, ils conservent les caractéristiques du régime français. En matière de justice, on garde la division en trois régions administratives, Québec, Trois-Rivières et Montréal. Quand les Anglais feront des changements, ce sera en général pour le mieux, comme de payer comptant les achats de l'armée. Les gouverneurs militaires prendront la sage mesure, en cette période de pénurie, de fixer le prix des produits de base, comme le pain et la viande. Cela permettra d'éviter la spéculation.

Parfois, les occupants feront même preuve de délicatesse. On recueillera 8,000 livres parmi les officiers anglais pour secourir les Canadiens les plus mal en point. Les soldats sont priés de saluer dans les rues les processions religieuses. On attendait Attila; ce fut César Auguste. Vingt ans après le «Tirez les premiers, messieurs les Anglais» de la bataille de Fontenoy, l'esprit est celui de la guerre des dentelles.

Les Canadiens en seront profondément touchés. Il s'agit là d'un sujet délicat qui embarrasse certains historiens mais les faits sont incontestables. Les Canadiens durant cette période furent plus ou moins séduits par leurs conquérants. L'historien Burt utilise à ce sujet une expression qui ne manque pas de comporter quelque chose de terrible: «conquête morale».

De nombreux exemples, que les occupants ne seront pas les seuls à relever, démontrent le contentement évident des ancêtres des Québécois. Des capitaines de la milice, c'est-à-dire ce qui reste de l'élite militaire de la Nouvelle-France, envoient en 1763 au gouverneur rien de moins qu'une «adresse affectionnée»; on terminera une autre adresse, l'année suivante, par cette formule à prime abord incroyable: «Le devoir est bien doux quand il est accompagné de l'attachement[3].» Enfin, signe qui ne trompe pas, on annonce bientôt le mariage de Canadiennes avec des soldats anglais.

Jusqu'à un certain point, la séduction sera réciproque. Le gouverneur militaire de la région de Québec, James Murray, se prend de pitié pour les vaincus. Quatre mois après la chute de Montréal, il écrit à son commandant en chef Amherst au sujet de la situation misérable des Canadiens: «Je ne trouve pas les mots pour la décrire et le seul fait d'y penser répugne à l'humanité[4].» Ces Canadiens sont plus à son goût que les quelques dizaines d'aventuriers anglais qui suivaient les armées britanniques et qui se sont presque aussitôt installés à Québec et à Montréal.

Ce Murray aura une influence importante sur l'identité canadienne. Il est donc important de s'attarder quelque peu sur sa personnalité. Le brigadier James Murray est issu d'une bonne famille écossaise, il est le fils de Lord Elibank. Certains ont dit qu'il ressemblait un peu à Wolfe, le vainqueur des plaines d'Abraham. Autoritaire mais juste, intelligent, brouillon, impétueux, Murray est un produit de la vieille Angleterre aristocratique et terrienne. Le soldat a durement combattu les Canadiens durant la guerre: l'armée qu'il dirigeait a ravagé au cours de l'été 1759 les îles de Sorel et leurs environs. Le vainqueur sera ému par la détresse des vaincus.

Murray trouva tout d'abord les Canadiens ignorants, dominés par leurs seigneurs et leurs curés. Le gouverneur militaire qui doit administrer un pays occupé apprécie leur docilité. Avec le temps, le gentilhomme sera séduit par leurs bonnes manières, qui fleurent encore la vieille France. Dans une requête au ministre anglais des colonies, il en viendra à les décrire comme «peut-être la race la meilleure et la plus brave au monde»; il en «parlera comme d'un peuple qu'il aime et qu'il admire[5]».

Ces enflures de style n'empêcheront pas Murray de penser que l'assimilation des Canadiens est non seulement inéluctable mais désirable, et cela dans leur intérêt même. Mais le gouverneur militaire de Québec est un peu dégoûté de l'évolution de la société anglaise de son temps. Celle-ci valorise de moins en moins les valeurs aristocratiques et militaires qui lui sont chères. Règne en Angleterre cet esprit pragmatique et mercantile qui est en passe de faire de la petite île au large de l'Europe la maîtresse du monde.

Le gouverneur se découvrira donc des affinités, une communauté d'intérêts avec une société qui avait toujours été très militarisée et gardait des allures féodales. Il s'attachera au Canada. En 1762, il baptise Beauport une propriété qu'il achète en Angleterre avec l'intention de s'y retirer après son service. Il envisagera plus tard de finir ses jours comme seigneur au Canada. Il consacrera beaucoup d'argent et d'énergie à sa seigneurie de Lauzon, près de Québec, quand les marchands anglais de la colonie réussiront à le faire rappeler en Angleterre.

Quand on y réfléchit un peu, ce «roman d'amour» inusité entre vaincus et occupants n'est pas si étonnant non plus du côté canadien. Après une guerre terrible où l'on avait craint pour sa vie, alors que l'on était encore sous le choc de la défaite par l'ennemi héréditaire et que se multipliaient les signes de désintérêt de la France, s'abandonner à ces Anglais si gentils était non seulement la seule issue objectivement possible mais dut être vécu avec soulagement. Presque comme une libération. L'Église, la seule élite canadienne restée politiquement fonctionnelle malgré la mort de l'évêque, avait d'ailleurs fait parvenir un message non équivoque à ses ouailles. Avant même que la paix ne soit officiellement conclue entre la France et l'Angleterre, on chanta dans les églises un solennel *Te Deum* en l'honneur de la victoire anglaise.

On peut ici faire une analogie avec les otages qui deviennent amoureux de leurs ravisseurs, lorsque ceux-ci se révèlent des individus attachants. Mais toute comparaison cloche. Car les Anglais étaient autrement plus formidables que de vulgaires preneurs d'otages, ils étaient des Conquérants.

Déjà, dans la dernière partie de la période d'occupation militaire, Londres et Paris s'entendent sur le destin de la colonie. Celui-ci est scellé en février 1763 par le traité de Paris mettant fin à la guerre de Sept Ans. Il confirme l'abandon du Canada par la France. Dans les mois qui suivent, le *Board of Trade*, le ministère anglais responsable de l'administration des colonies, élabore à Londres la Proclamation royale. Celle-ci donnera à l'ancienne Nouvelle-France son premier gouvernement civil sous le régime anglais.

Les Canadiens ne le savent pas encore mais ils sont à la veille d'être officiellement abandonnés par la France et conquis par l'Angleterre. Eux et leurs descendants mettront du temps à saisir la portée réelle de ce qui est arrivé.

*

Il est clair que ce qui arriva durant cette période a été autant un abandon de sa colonie par la France qu'une conquête par l'Angleterre. Si la France avait tenu au Canada, elle aurait pu faire en sorte de le garder à la signature du traité de Paris, dans le cadre de négociations plus larges qui concernaient également l'Europe, l'Inde et les Antilles. Mais force est de constater que la France ne tenait pas au Canada. Puissance avant tout européenne, elle avait beaucoup moins investi en Nouvelle-France que l'Angleterre dans ses colonies américaines. Alors qu'un Anglais sur six vivait en 1760 dans le Nouveau-Monde, la proportion pour les Français n'était que de un à trois cents[6].

L'historien Mason Wade a noté que les Canadiens français avaient autrefois tendance à appeler la Conquête: la Cession. C'était sans doute pour rendre compte d'une facette de l'événement qui les avait particulièrement blessés et qui n'était pas à l'honneur de la France: son unique colonie de peuplement, la seule partie d'elle-même qui commençait à prendre racine ailleurs, fut livrée volontairement et sans regret à l'ennemi héréditaire[7].

La jeune identité canadienne n'avait pas encore d'existence autonome par rapport à la France. De façon bien compréhensible, elle sera profondément marquée — meurtrie — par cet abandon qui sera émotivement ressenti comme un rejet. Cela ne manquera pas de ternir l'image que les Canadiens se feront d'eux-mêmes. Cela explique sans doute la francophobie traditionnelle du petit peuple québécois, qui a toujours contrasté avec la francophilie d'une partie des élites.

Il n'y eut jamais de projet sérieux de reconquête. En France, le Canada fut rapidement oublié. Lors de la guerre d'Indépendance américaine, le chevaleresque marquis de Lafayette rêva bien d'une expédition franco-américaine pour libérer Québec, mais l'affaire ne fut en aucun temps sérieusement considérée à Versailles. Lors de son passage au Canada en 1831, Alexis de Tocqueville exprima son étonnement de découvrir une nation française dont on ignorait tout à Paris: là-bas, ceux qui connaissaient l'histoire croyaient que les Canadiens avaient été assimilés.

Il faudra attendre jusqu'au «Vive le Québec libre» de De Gaulle en 1967 pour qu'un lien émotif entre la mère patrie et son ancienne colonie soit véritablement rétabli sur le plan politique. Avec son sens aigu de l'histoire de France, le grand homme avait conscience alors, écrit son biographe Jean Lacouture, d'acquitter une partie de «la dette de Louis XV». À cause de la façon unique dont il incarnait son pays, à cause aussi de l'époque qui se prêtait encore à ce genre d'épanchement, De Gaulle était le dernier Français en position d'autorité à pouvoir dire aux descendants des Canadiens: la France regrette, la France vous reconnaît comme Français, la France vous aime... Pour une bonne part, le message passera, au grand déplaisir des Canadiens anglais ulcérés par l'incartade. L'identité québécoise en sortira renforcie.

Mais la réalité de 1763, c'est l'abandon, le rejet. Cela transforme une défaite, que l'on peut toujours espérer renverser, en quelque chose de permanent: une conquête. Sans l'appui de la France, il est totalement illusoire pour les 65,000 Canadiens d'espérer se libérer de l'Angleterre, la première puissance au monde. En même temps, l'abandon rend la Conquête plus facile à accepter sur le moment: on n'a pas le choix, car même la France le désire. On en viendra même à se convaincre plus tard, quand l'ancienne mère patrie sera balayée par la révolution athée, que ce fut tout compte fait une bénédiction du ciel.

On se montre souvent étonné de ce que les Québécois prétendent être encore affectés par un événement survenu il y a plus de deux cents ans, alors que d'autres peuples se sont remis de défaites plus récentes, autrement plus terribles. C'est qu'on oublie alors la différence de nature entre une défaite et une conquête: une conquête est une défaite permanente, une défaite institutionnalisée.

En 1760, la France a subi aux mains de l'Angleterre une défaite majeure et humiliante. Elle s'en est vengée 15 ans plus tard en donnant aux Américains dans leur guerre d'Indépendance contre les Anglais un appui qui s'avéra décisif. Les Canadiens eux, ne furent pas vraiment défaits lors de la guerre de Sept Ans: ils y avaient en général gagné les batailles dont ils étaient responsables[8]. Les Canadiens en 1760 ont été conquis.

En vertu du droit international de l'époque, l'Angleterre acquérait sur eux un pouvoir en principe sans limites. C'est la catastrophe absolue pour un peuple: une prise de possession de nature totale et permanente par l'ennemi héréditaire. Contrairement au vaincu, le conquis est atteint au cœur même de son identité collective; il devient la chose du conquérant, qui fera de lui ce qu'il voudra. Que le conquérant soit magnanime ne change rien à cette réalité. Cela rend au contraire la conquête plus humiliante, car les conquis doivent être en plus reconnaissants.

Mais ce ne sont là que des concepts, des termes juridiques, ce ne sont là que des mots. Une conquête, cela se vit. Comme l'a écrit en 1964 Kenneth McRae, un observateur critique du nationalisme québécois: *"To the Canadiens, it was a cataclysm beyond the power of the mind to grasp[9]."* Littéralement l'impensable.

LE *FRENCH PARTY*

L'Angleterre adopta en octobre 1763 la Proclamation royale qui donnait à la colonie son premier gouvernement civil sous le régime anglais. La mesure entrait en vigueur en août 1764. Après l'euphorie de l'occupation militaire, le réveil sous un régime en principe tyrannique fut brutal pour les Canadiens.

Ils apprirent tout d'abord que seul le droit anglais était désormais reconnu. Les conquis étaient également privés de droits politiques: à moins d'abjurer leur catholicisme, ce qui était évidemment impensable à l'époque, ils ne pourraient occuper ni fonction officielle, ni emploi public. Le gouverneur fut clairement averti, dans les instructions que lui firent parvenir les autorités anglaises en décembre 1763, de ne pas permettre la nomination d'un nouvel évêque par Rome.

La Proclamation prévoyait enfin la convocation, aussitôt que possible, d'une Chambre d'assemblée, pour que les habitants du Canada ne soient pas privés des avantages de la démocratie anglaise. Évidemment, le problème était que les 65,000 Canadiens seraient exclus de cette Chambre, qui se limiterait à ne représenter que les deux ou trois cents marchands anglais maintenant installés dans la colonie.

Les intentions de la nouvelle métropole à l'égard des Canadiens, déjà claires dans la Proclamation elle-même, seront encore précisées dans l'acte de nomination de Murray comme gouverneur et dans les instructions qu'il recevra de la métropole britannique. Cette colonie française doit être transformée en colonie anglaise. Il faut se préparer à l'arrivée d'immigrants anglo-saxons, en provenance d'Europe et des colonies américaines. Le nécessaire doit être fait pour amener graduellement les Canadiens à se convertir au protestantisme.

Les Canadiens deviennent plus ou moins des hors-la-loi dans leur propre pays. Désormais, on les appellera, sans rire, les nouveaux sujets de Sa Majesté. Les vieux sujets, ce sont les marchands britanniques qui viennent d'arriver.

L'Angleterre montrait son visage de conquérant.

Mais il y avait aussi cet autre visage que les Canadiens avaient pu voir depuis quatre ans. Le paradoxe de la situation est que l'Angleterre était à la fois le conquérant, avec ce que cela impliquait d'oppression, et la nation la plus avancée politiquement de son temps, le modèle des philosophes français du Siècle des lumières. En Angleterre, Lord Mansfield écrira bientôt au premier ministre George Grenville pour protester contre la Proclamation royale: «L'histoire ne fournit pas d'exemple d'un acte aussi brutal et injuste de la part d'un conquérant[10].»

Mais la Proclamation royale fut contestée avant tout, et de façon très efficace, au Canada même. L'ancien administrateur de la région de Québec pendant l'occupation militaire, James Murray, avait été nommé premier gouverneur civil de la colonie. C'est donc lui qui avait la responsabilité d'appliquer la répressive Proclamation. Il apparut rapidement que les dispositions les plus injustes du document seraient mises à l'écart par le gouverneur.

Prétextant le caractère obscur ou contradictoire de plusieurs articles, convaincu de leur iniquité, conscient qu'ils étaient de toute façon inapplicables, Murray excédera presque aussitôt ses pouvoirs lorsqu'il réorganisera l'administration de la justice: les Canadiens pourront servir comme jurés à la cour du Banc du Roi; les avocats canadiens pourront plaider devant les cours inférieures. On est en septembre 1764, la Proclamation n'étant en vigueur que depuis un mois.

Ce fut le début de toute une série de gestes posés par Murray et ses successeurs, qui rendront peu à peu inopérantes les dispositions de la Proclamation royale les plus vexatoires envers les Canadiens. Après avoir menacé de démissionner, le gouverneur obtiendra en juin 1765 que soient déclarées non applicables aux Canadiens les dispositions anticatholiques du Code pénal anglais. Les Canadiens se verront confirmer en 1767 leurs lois en matière de tenure de sol. Et ainsi de suite jusqu'à l'Acte de Québec en 1774, dont toute une partie ne sera que la reconnaissance officielle de pratiques antérieures illégales.

Murray se refusera également à convoquer la Chambre d'assemblée prévue dans la Proclamation royale: trop injuste si les Canadiens n'y sont pas représentés, trop dangereux s'ils la contrôlent. En un mot, trop tôt. De toute façon, les Canadiens n'en veulent pas. Comme pendant la période d'occupation militaire, le maître mot reste paternalisme.

Ce refus du gouverneur de convoquer une Assemblée ne manquera pas de lui attirer la fureur des marchands britanniques. La guerre est déclarée, qui sera féroce. Murray ne trouve pas de mots assez durs pour vilipender ceux qu'il qualifie de «la plus immorale collection d'individus que j'ai jamais connus». «Les pauvres diables mercantiles[11]», un autre des surnoms qu'il leur attribue, réussiront finalement, après d'innombrables pétitions, à faire rappeler à Londres leur ennemi juré. Le bouillant Écossais devra s'y justifier en justice et sera blanchi après un long procès. Il ne reviendra cependant jamais à Québec, où il laissera le souvenir d'un ami des Canadiens.

Les gouverneurs qui lui succéderont, l'Anglo-Irlandais Carleton en 1766 et le Suisse protestant de langue française Haldimand en 1778, poursuivront pour l'essentiel la même politique à l'égard des Canadiens. Ces trois gouverneurs les considéreront plus ou moins comme des enfants — leurs enfants — inexpérimentés, bien élevés, généralement obéissants. Il importe avec eux de faire preuve bien sûr de fermeté, mais aussi de bienveillance.

Se constituera autour du gouverneur à partir de Murray l'un des phénomènes les plus curieux de l'histoire québécoise et canadienne, l'un des plus révélateurs aussi: un *French Party* qui défendra généralement, comme son nom le laisse entendre, les intérêts des Canadiens. Le fait à retenir est qu'il est composé essentiellement ... d'Anglais. Sur douze membres en 1766, il n'y a qu'un Canadien et d'une espèce rarissime à l'époque, car il est protestant.

On appellera aussi le *French Party*, qui existera jusque dans les années 1780, le *King's Party*, c'est-à-dire le parti du roi. Dans les faits, c'était le parti du gouverneur et de ses amis, dont les intérêts correspondaient à ceux des Canadiens. L'opposition, souvent virulente, était menée par les marchands britanniques de l'*English Party*.

Le *French Party* ne fit pas tellement d'efforts pour faire venir les nouveaux colons anglais dont parlait la Proclamation royale. Il s'avéra de toute façon plus difficile que prévu de les attirer au Canada. L'historien québécois J.-P. Wallot nous apprend que le gouverneur Haldimand dans les années 1780 rêvait encore d'une vallée du Saint-Laurent pastorale et idyllique, peuplée par les seuls Canadiens. Les gouverneurs appuyés par le *French Party* refusèrent également d'augmenter les dépenses de la colonie. Cela aurait nécessité l'imposition de nouvelles taxes et la convocation d'une Assemblée dont les Canadiens seraient exclus.

Des historiens canadiens-anglais ont attiré l'attention sur le côté réactionnaire de l'action du *French Party*. On voulait préserver une société canadienne sans doute attachante mais féodale, figée dans le temps, dépassée. Les marchands britanniques de Montréal qui réclamaient la convocation d'une Assemblée étaient peut-être moins sympathiques mais ils n'étaient pas systématiquement réfractaires au changement: ils voulaient développer le pays. La survie des Canadiens allait contre le sens de l'histoire et il n'était pas sage de l'encourager.

Cette interprétation, qui sera reprise par Lord Durham dans son fameux rapport, assimile les valeurs anglo-saxonnes au progrès. Elle ne tient pas compte au surplus d'un fait capital. L'action du *French Party* ne fut que très partiellement inspirée par des préoccupations humanitaires. Des considérations de *Realpoliks*, la juste appréciation à long terme des intérêts de l'Angleterre, ont également joué chez ces administrateurs compétents que furent Murray et Carleton.

Car les Canadiens même fraîchement conquis sont beaucoup plus forts qu'ils ne paraissent, inassimilables dans ce pays où ils sont profondément enracinés et dont ils constituent la presque totalité de la population. On n'a pas vraiment d'autre choix que de les ménager. Quand la révolte commencera à gronder dans les colonies du Sud, il apparaîtra clairement qu'il faut se les gagner.

*

En ce qui a trait aux seigneurs, l'attitude initiale de ces militaires britanniques ayant à gouverner une population conquise fut de souhaiter que le maximum de ces éventuels fauteurs de troubles émigrent en France. Mais Murray est un aristocrate. À une époque où les colons américains manifestent de plus en plus d'insolence envers la mère patrie anglaise, il se défend mal d'une certaine admiration pour l'ordre et la civilité que le régime seigneurial maintient dans les relations sociales au Canada. Il ambitionnera lui-même, on l'a dit, de devenir seigneur. Son successeur Carleton, dont la femme avait grandi à Versailles, sera lui aussi tenté de considérer les seigneurs comme des interlocuteurs privilégiés. Un moment, il envisagera même d'en faire entrer certains dans son Conseil.

Ces illusions ne devaient pas résister à l'épreuve de la réalité. Les seigneurs n'étaient pas les leaders des Canadiens et ils ne l'avaient jamais vraiment été, même sous le régime français. On n'avait transplanté en Nouvelle-France qu'une version très atténuée du régime féodal européen. Après 150 ans d'enracinement dans un continent nouveau, la société canadienne était devenue profondément égalitaire, essentiellement américaine sous ce point.

Après la Conquête, le rôle des seigneurs ne sera pas majeur. Il leur manquait ce qu'on appellerait aujourd'hui une base politique. Un certain nombre d'entre eux seront actifs[12] à titre personnel, souvent en tant que marchands. Leur insistance pour maintenir des droits seigneuriaux devenus des privilèges sans justification, leur collaboration quelquefois très voyante avec le Conquérant, les rendront impopulaires auprès des Habitants. Les seigneurs canadiens, qui n'avaient pas démérité de leurs compatriotes sous le régime français, étaient dans ce cul-de-sac que décrit bien Philippe Aubert de Gaspé dans le roman, *Les Anciens Canadiens*.

L'Église se révéla rapidement le seul interlocuteur possible du Conquérant; en fait, elle était impossible à éviter. Dans un pays n'ayant pas d'institutions municipales, la paroisse constituait la forme privilégiée d'encadrement des Habitants. À moins de ne vouloir gouverner par la terreur, l'administration anglaise en avait besoin, ne serait-ce que pour communiquer aux Canadiens ses directives.

Le catholicisme était par ailleurs le noyau dur de l'identité canadienne, à une époque où le domaine religieux occupait une partie considérable du champ politique. Le sujet avait fait l'objet de neuf articles dans la Capitulation de Montréal en 1760. On y avait accordé aux Canadiens «le libre exercice de la religion catholique en son entier», mais on avait refusé la nomination d'un nouvel évêque par le roi de France[13].

Il est intéressant d'examiner les relations — troubles —, sur lesquelles on a parfois jeté le voile, qui se noueront entre le gouverneur Murray et Briand, le futur évêque. Celui-ci effectua du côté canadien la seule véritable gestion politique de la Conquête. Même si cette gestion ne fut que partielle, les Québécois en vivent encore aujourd'hui les conséquences. On peut tirer de ce poussiéreux chapitre d'histoire religieuse des leçons politiques encore valables.

Au départ, ce mariage de raison entre l'Église canadienne et l'État anglais avait pourtant tout contre lui. L'Angleterre était encore à cette époque, et de façon virulente, anti-catholique et surtout anti-papiste: lors de son couronnement, le roi jurait d'abattre la papauté abhorrée. L'Église canadienne était par ailleurs de tradition gallicane, ce qui n'arrangeait rien: cela voulait dire que sa loyauté fondamentale allait non au Vatican mais au roi de France, qui nommait les évêques sous l'Ancien Régime. Entre Rome et Paris, Londres n'avait pas le goût de choisir.

On revint donc, mine de rien, sur certains engagements contractés à l'égard des Canadiens dans la Capitulation de Montréal. Pour la première fois, les conquis goûtèrent à la duplicité de leur conquérant. Le traité de Paris de 1764 assortissait la liberté de religion accordée aux Canadiens de la qualification suivante: «En tant que le permettent les lois de la Grande-Bretagne[14].» L'astuce était que les lois anglaises de l'époque ne permettaient rien, ou presque. Pour l'Église canadienne, tout serait à négocier.

Les protagonistes sont Murray que nous connaissons et Briand, un personnage peu sympathique au premier abord. Il a le rôle ingrat du collaborateur et il le jouera, selon l'expression imagée d'un contemporain, avec la sagesse du serpent. Ni très fier ni très franc, il est bien placé pour négocier avec le conquérant. Il sait ce qu'il veut, il sent ce qu'il doit céder, jusqu'où il peut aller. Parfois, il fait penser un peu à Talleyrand, cet autre ecclésiastique tortueux qui savait comment négocier. Le timide, l'austère Briand n'aura cependant besoin ni de défroquer ni de changer vingt fois d'allégeance pour jouer un rôle politique

de premier plan. Pendant trente ans, au Canada, il sera simplement
«l'Évêque».

Pour l'instant, il n'est que le nouveau chef de l'Église canadienne,
plus ou moins choisi en 1764 par Murray en raison de son manque de
ressources financières: le gouverneur l'avait gratifié dès 1762, au temps
de l'idyllique occupation militaire, d'un don de 20 livres. Au départ,
la relation est très inégale au désavantage du conquis. Mais attention
de ne pas prendre ce dernier pour un fantoche sans légitimité qui aurait
été parachuté par le gouverneur. Mgr Briand est vicaire général de Québec; il était le protégé du dernier évêque de la Nouvelle-France, Mgr
de Pontbriand. Il a été élu par ses pairs au deuxième tour, car on lui
avait tout d'abord préféré Mgr Montgolfier. Celui-ci avait le handicap,
aux yeux du gouverneur qui a opposé son veto, d'être recteur des Sul-
piciens de Montréal et donc financièrement indépendant.

Avec la Proclamation royale, Murray a reçu des instructions pré-
cises de Londres: les Canadiens doivent être amenés graduellement à
embrasser la religion protestante; on ne doit pas permettre l'exercice
du pouvoir de Rome dans la colonie. Briand devra donc faire de la politique, jouer au courtisan. Peu après l'entrée en vigueur de la Proclamation royale, il partira faire du lobbying à Londres. Il y restera quatorze
mois, se familiarisant avec la politique anglaise. Ses priorités sont au
nombre de trois: maintenir la discipline au sein du clergé, préserver
la doctrine catholique et se faire nommer évêque.

Briand exhorte premièrement ses prêtres à la prudence, car la situation est difficile et ils doivent allégeance à un gouvernement hostile à
leur religion. Qu'ils ne se mêlent pas des affaires publiques, même en
confession, et qu'ils respectent la loi. Les prêtres de passage à Québec
pourront faire une visite de courtoisie au gouverneur puisque celui-ci
l'apprécie. Mais en aucun cas, ils ne devront lui faire des suggestions
ou lui transmettre des plaintes. Briand ne ménagera pas les menaces
de damnation éternelle envers les délinquants. Et il y en aura: un
moment, Murray fréquentera un jésuite défroqué du nom de Roubaud,
qui croit possible d'amener les Canadiens à renoncer peu à peu à leur
religion.

On envisagera de laisser les Habitants pratiquer les rites du catholicisme, auxquels ils sont particulièrement attachés, à condition qu'ils
abandonnent ce qui fait vraiment problème, «l'hérésie romaine», en
d'autres mots l'idéologie catholique. Le caractère à première vue dépassé
de ces distinctions ne doit pas nous empêcher de réaliser l'importance
de l'enjeu: nous en subissons encore les conséquences aujourd'hui. En

ce milieu du XVIIIe siècle où le politique et le religieux sont en Occident tout enchevêtrés, l'idéologie religieuse est porteuse d'un pouvoir politique substantiel. L'idéologie catholique imprègne la fabrique de toute la société canadienne. Briand sera intraitable sur ce qu'on appelle alors le Dogme.

Mais surtout, l'Angleterre ne veut pas d'évêque. À Londres, Briand se fera cavalièrement dire par Lord Shelbourne, le jeune ministre des Colonies, que les Canadiens n'ont qu'à faire comme les catholiques du Maryland: pratiquer leur religion sans évêque. Même le Vatican se contenterait bien d'un simple vicariat apostolique. Le statut d'évêque nommé par Rome serait lui aussi une source importante de pouvoir, le gage d'un minimum d'autonomie par rapport au gouvernement britannique; cela permettrait aussi d'assurer l'avenir, par la nomination de nouveaux prêtres. C'est à ce statut d'évêque que Briand tiendra le plus.

Finalement, Murray rassuré sur la fiabilité de Briand qui est devenu un ami, convaincu aussi de la justice de sa cause, la plaidera auprès d'un gouvernement anglais réticent. Briand sera sacré le 16 mars 1766 évêque du Canada ou plutôt, selon l'appellation péjorative anglaise de l'époque, *Superintendent of the Romish Religion.* Surintendant de la religion papiste: Henry VIII n'est pas tout à fait mort. Mais tous au Canada, du gouverneur aux Habitants, parleront toujours simplement de l'Évêque, au grand dam du futur évêque anglican qui aura de la difficulté à avaler l'affront.

Coïncidence hautement symbolique, le nouvel Évêque arrivera à Québec le 28 juin 1766, quelques heures à peine après le départ définitif de Murray pour Londres. Il va s'y défendre des accusations portées contre lui par les marchands anglais. Mgr Briand trouvera à son retour une lettre de félicitations de l'ancien gouverneur. Il y confie les Canadiens à ses bons soins.

Il est difficile de ne pas voir dans cette formule étonnante, plus qu'un symbole, une véritable transmission de pouvoir. Si Murray n'était que le Conquérant, il serait ridicule de sa part de confier les Canadiens aux bons soins de leur chef naturel. Sa lettre n'a pourtant rien de loufoque: c'est que Murray en 1766 n'est plus seulement le Conquérant mais aussi, sous un certain plan, un leader des Canadiens, reconnu comme tel et agissant comme tel.

La relation de Briand avec Murray, en dépit de leur amitié, ne pouvait être que celle d'un conquis avec son conquérant, en raison d'une situation objective qui les dépassait tous les deux. Le pouvoir de Briand par rapport au successeur de Murray, Carleton, sera plus étendu car il est maintenant évêque. Nul doute que ce pouvoir lui vient pour la plus grande part de sa force intrinsèque et de celle des Canadiens qu'il représente. Mais il a profité aussi de l'aide de Murray, Murray le Canadien. Le processus se poursuivra durant le régime du *French Party* avec Carleton, l'un des artisans de l'Acte de Québec, puis plus tard, dans une moindre mesure, avec Haldimand.

Durant cette période cruciale dans la formation de leur identité collective, les Canadiens ont eu de facto des élites en partie anglaises. Elles contrôlèrent souvent à l'avantage des conquis le pouvoir politique de la colonie. Ce fut là la chance, ce fut là le drame, des Canadiens et de leurs descendants.

Dix-huit ans avant que les catholiques d'Irlande n'obtiennent le droit de posséder ou d'hériter, les Canadiens ont un évêque qui relève de Rome; la doctrine catholique est intacte; l'Église canadienne est unie. On a payé le prix: l'Église canadienne a prêté allégeance pour obtenir la reconnaissance de son pouvoir par le Conquérant. Plus tard, quand il s'agira pour Briand de choisir le successeur que Rome lui a donné le pouvoir de nommer, il soumettra de lui-même son candidat à l'approbation de Carleton.

L'enjeu de la négociation entre Murray et Briand représentait le cœur de l'identité canadienne d'alors, du pouvoir québécois d'aujourd'hui. L'autorité que Briand a été capable de maintenir sur le clergé est devenue le contrôle du gouvernement du Québec sur les institutions qui constituent la spécificité québécoise: les établissements scolaires, les corporations municipales, le réseau hospitalier. Le dogme catholique de 1760 s'est transformé en pouvoirs dans le domaine civil et social.

Le statut d'Évêque nommé par Rome était enfin l'amorce du statut particulier du Québec au sein du Canada, en tant que seul État contrôlé par des francophones.

*

Le rôle politique de l'Église à cette époque ne pouvait être que partiel car la société canadienne était avant tout une société civile. Ce qui manquait à cette société pour opérer une véritable gestion de la Conquête sur le plan politique, c'était une bourgeoisie comme il s'en développera aux XVIIe et XVIIIe siècles dans tous les pays occidentaux[15]. Une telle bourgeoisie constituait à l'époque la classe dynamique politique-

ment et économiquement. Elle était la conscience des différentes identités nationales en formation; elle contrôlait le pouvoir naissant de l'infor-
mation. Aucun journal ne fut jamais publié en Nouvelle-France, où la
première publication locale sera la bilingue *Gazette de Québec*, fondée
en 1764.

C'est une bourgeoisie semblable qui s'apprêtait à faire aux États-
Unis la guerre de l'Indépendance, en France la Grande Révolution. Sans
une telle classe politiquement active, la jeune identité canadienne n'était
pas en mesure de prendre vraiment conscience au plan collectif de ce
qu'impliquait l'abandon-conquête de 1760-1763. Les Canadiens ne pouvaient donc élaborer ni pensée, ni stratégie politiques qui en auraient
tenu compte, en permettant éventuellement de surmonter l'événement.

Faute de pouvoir réagir autrement que sur le plan individuel, on
en resta donc au choc initial, presque immédiatement refoulé dans
l'inconscient collectif. Plus tard, lors de la déprime qui suivit la rébellion avortée de 1837, la nation canadienne prit brièvement conscience
de la Conquête. Tout indique que celle-ci est encore présente dans
l'inconscient collectif des Québécois et des Canadiens d'aujourd'hui.

Le concept d'intégration politique d'un événement comme la Conquête est en lui-même neutre, c'est-à-dire qu'il n'implique pas que l'on
accepte ou que l'on refuse l'événement en question, simplement qu'on
le prenne en compte. L'existence d'une bourgeoisie développée après
1763 n'aurait donc pas nécessairement constitué une garantie supplémentaire de survie pour les Canadiens. Ils auraient peut-être même été
assimilés plus rapidement, si leur classe bourgeoise avait jugé cette option
préférable, pour des raisons économiques par exemple.

Mais plus probablement, une bourgeoisie qui aurait survécu à la
Conquête aurait transmis une stratégie politique plus réaliste et plus efficace à ceux qui deviendront en 1791 les premiers députés du Bas-Canada.
Cela aurait peut-être permis à la nation canadienne d'éviter le désastre
de la rébellion avortée de 1837 et de réaliser son aspiration à l'indépendance.

Mais, on ne refait pas l'histoire…On essaie de comprendre ce qui
s'est passé, pour mieux préparer l'avenir.

LA NATION CANADIENNE

En 1760, l'absence d'une bourgeoisie solidement établie explique
pourquoi le sentiment national des Canadiens reste faible. De toute façon,

l'ère du nationalisme ne commencera réellement qu'avec la révolution française, trente ans plus tard.

En tant qu'individus, les Habitants ont vécu la Conquête, on l'a vu, sans trop de mal. Ils ont souffert de la guerre, puis ils ont eu très peur; ils ont été rassurés durant l'occupation militaire, se sont attachés à Murray; après avoir craint pour leur religion, ils seront heureux d'avoir un évêque. Pendant de nombreuses années, ils demeureront mystifiés devant tant d'incertitudes et de revirements. On le serait à moins.

Mais il faut se garder de confondre faible et inexistant. On note au Canada dès cette époque un embryon de sentiment national, qui sera stimulé par la Conquête. On commence à employer l'expression «patrie», à utiliser le «nous» dans les documents publics et privés. Il était difficile pour les Habitants de ne pas réaliser qu'il se passait quelque chose qui les affectait collectivement comme Canadiens. Cette prise de conscience d'une condition et d'un intérêt communs est génératrice de réflexes nationalistes. Carleton remarquera vite ce qu'il appelle l'esprit de groupe, l'esprit national des Canadiens. Son habileté consistera à exploiter cette réalité qu'il lui est impossible de faire disparaître.

La période de développement la plus intensive de la Nouvelle-France correspondait au début du règne personnel de Louis XIV: sur les 10,000 colons qui traversèrent l'Atlantique durant le régime français, plus de 3,000 le firent entre 1665 et 1672. Le Canada était la seule colonie de peuplement de la France d'alors, historiquement à son apogée et exerçant une hégémonie incontestée sur le monde occidental. Nul doute qu'il y eût dans la société canadienne, sous ses apparences modestes, beaucoup d'énergie et de volonté de puissance concentrées.

Les événements des deux cents dernières années ont amplement démontré la vitalité de cette collectivité. Les 65,000 conquis silencieux de 1760 ont été les ancêtres de plus de 12 millions de Nord-Américains d'aujourd'hui, dont environ la moitié parlent encore le français. Il aurait été dangereux de s'attaquer directement à cette formidable force latente.

Tout d'abord, les Habitants restent silencieux, passifs. La situation individuelle de certains d'entre eux s'est améliorée depuis le régime français; le sort d'une nation qui n'existe pas encore n'est pas leur responsabilité. Mais ils sont là, pour l'essentiel spectateurs de leur destinée collective. Cette inertie est d'ailleurs plus une force qu'il n'y paraît au premier abord, car elle est adaptée à une situation à peu près sans issue. Se révolter aurait été proprement suicidaire; s'assimiler était impensable, ou plus prosaïquement impossible.

C'est le *French Party* qui mènera donc le gros du combat contre la Proclamation royale. Et du côté canadien, l'Église fera la gestion collective minimale et inévitable de l'abandon/conquête. Quelques manifestations quand même. Le 26 octobre 1764, une pétition au gouverneur de la part de sept jurés canadiens (Perreault, Bonneau…) pour se dissocier d'une requête présentée en leur nom par des jurés anglais. On veut être jugé comme des Français, par des Français, selon les anciennes coutumes et dans sa langue maternelle.

Cette référence à la langue est à l'époque rare. Même au début du régime répressif instauré par la Proclamation royale, les documents officiels sont systématiquement en français et en anglais. Cela satisfait les Canadiens. Leur identité collective est alors davantage basée sur le droit civil français et la religion catholique — qui ne sont pas reconnus — que sur la langue. Sur ce point, la situation a bien changé, car l'identité québécoise est aujourd'hui très axée sur la langue française.

Très tôt, dès 1765, un geste de résistance passive ne passera pas inaperçu: le manque total d'enthousiasme des Canadiens à s'enrôler pour mater la rébellion de l'ancien allié des Français, le chef indien Pontiac. Et ce, malgré les invitations pressantes de Murray et de Mgr Briand.

Quinze ans après la Conquête, l'invasion du Canada en 1775-1776 par les insurgés américains en révolte contre l'Angleterre permettra enfin d'en savoir plus long sur ce que pensent vraiment les Habitants. Ils sont un peu les héros de notre histoire; il est difficile de ne pas se demander ce que cachait leur silence.

*

L'Angleterre adopte en 1774 l'Acte de Québec. On y tire les conséquences de l'échec de la Proclamation royale de 1763: les colons anglais ne sont pas venus; le Canada est resté massivement français. Alors que la révolte gronde dans les colonies du sud, il importe de se gagner les «nouveaux sujets» de Sa Majesté britannique.

Pas étonnant que cette pièce de législation soit considérée par plusieurs historiens comme la plus positive jamais venue d'un gouvernement britannique en faveur des Canadiens. Ils y obtenaient la reconnaissance de l'essentiel de leur droits nationaux d'alors: le catholicisme et le droit civil français. L'Acte de Québec prenait acte de ce que les Canadiens n'étaient pas des Anglais et qu'ils ne le deviendraient pas, tout au moins pas dans un avenir prévisible. L'intelligence de la mesure était de leur permettre d'être eux-mêmes tout en restant britanniques. Selon plusieurs historiens, c'est là qu'il faut chercher les débuts du Commonwealth britannique.

L'Acte de Québec répondait également à des considérations géopolitiques plus larges, dans le contexte de la guerre d'Indépendance américaine à la veille de commencer. Le Canada, dont le territoire avait été réduit en 1763 aux deux seules rives habitées du Saint-Laurent, retrouvait en partie les amples frontières de l'ancienne Nouvelle-France; la nouvelle *Province of Quebec* récupérait le territoire entre l'Ohio et le Mississipi. Il y avait là un message que comprirent très bien les Américains. À leurs dépens, l'Angleterre entendait se constituer héritière de l'immense empire fondé par les Français dans le Nouveau-Monde au XVIIe siècle. Pour ce faire, elle pariait sur les Canadiens, qui constituaient encore la presque totalité de la population de ce territoire.

Les Américains, furieux, se voyaient relégués à leur étroite bande côtière sur l'Atlantique. L'adoption de l'Acte de Québec, accélérée par la révolte qui grondait dans les colonies du sud, alimentera en retour l'insurrection. Des troubles éclateront à Lexington et Concord dans le Massachusetts en mai 1775, quelques jours avant l'entrée en vigueur de la nouvelle législation. La guerre d'Indépendance américaine commence et les insurgés attaquent presque aussitôt l'Amérique britannique: le Canada est envahi. Il y a quinze ans à peine que la Conquête a eu lieu. Pour la première fois, les Canadiens ont une carte à jouer.

Les marchands anglais de la colonie se révèlent rapidement proaméricains. Ils espèrent se débarrasser du *French Party* et obtenir — enfin — l'Assemblée que l'Acte de Québec leur a encore une fois refusée. Comme prévu, les élites canadiennes, l'Église et plus encore les seigneurs, se rangent du côté des Britanniques. Briand est toujours là, qui menace de privation des sacrements les Canadiens qui refuseront de s'enrôler ou aideront les Américains.

Cette fois-ci, les Habitants se manifestent vraiment: ils n'apprécient ni le zèle de leurs prêtres ni celui de leurs seigneurs. Un paroissien ne craindra pas d'interpeller sèchement son curé en plein sermon: «Assez prêché pour les Anglais[16].» On pencherait plutôt du côté des insurgés américains que l'on aide quand l'occasion s'y prête ou quand ils ont l'air de vouloir gagner. Cela arrivera souvent au cours de cette guerre toute en offensives et en retraites successives. Dans le sud de la province un moment occupé, les Américains réussiront même à constituer deux régiments de Canadiens.

Cet engagement à fond reste cependant l'exception. Les Habitants répugnent à se mêler de ce qu'ils considèrent au fond comme une chicane d'Anglais. Ils se méfient, car les souvenirs du régime français sont encore frais. On ne peut croire tout à fait en la parole des anciens ennemis jurés des Canadiens, ces Bostonnais hier encore fanatiquement antipapistes. Leur double langage ne passera pas inaperçu. Ils se disent les amis des Canadiens mais n'ont pas eu de mots assez forts pour reprocher à Londres sa reconnaissance du catholicisme dans l'Acte de Québec. Les Canadiens n'hésiteront plus quand leurs prétendus libérateurs voudront payer leurs achats en monnaie de papier. Cela rappelait des mauvais souvenirs vraiment trop précis de la fin du régime français.

Les Canadiens seront donc globalement neutres. Cette nouvelle version de leur force d'inertie permettra à l'Angleterre de gagner de justesse son pari. Il n'y a pas de doute qu'elle aurait été incapable de garder le Canada si les Canadiens s'étaient engagés à fond du côté des Américains. Le 31 décembre 1775, les forces combinées des généraux Montgomery et Arnold échoueront dans leur tentative pour prendre Québec. Benjamin Franklin, dont l'éloquence avait pourtant séduit Versailles et convaincu la France d'appuyer militairement la nouvelle République, repartira bredouille de Montréal encore occupée, le printemps suivant.

En refusant de prendre clairement parti malgré les faveurs du Conquérant, les promesses des Américains, les exhortations de l'évêque, les Canadiens démontrent pour la première fois depuis la Conquête qu'ils existent politiquement. Cela déplaît à un peu tout le monde. Les Américains repartiront sans avoir libéré cette collectivité arriérée qui n'en vaut pas la peine. Les vieilles élites canadiennes ont mesuré les limites de leur pouvoir.

Carleton pour sa part ne verra plus jamais du même œil ce peuple qu'il avait l'impression de si bien connaître. «On n'a rien à craindre d'eux quand les choses vont bien pour nous, rien à espérer quand elles vont mal[17]», commentera-t-il plus tard, désabusé. Celui qui exprimait en 1767 à Lord Shelbourne sa conviction que le pays serait à jamais habité par les Canadiens, celui qui avait été l'un des principaux responsables de l'Acte de Québec, a changé: le charme est rompu. Déjà, durant la guerre de 1774-1776, le gouverneur a semblé par moments se préoccuper davantage des prisonniers américains que des Canadiens. Les premiers sont devenus pour lui de potentiels colons anglais pour le Canada, alors que l'opportunisme des seconds l'a déçu.

Carleton quittera le Canada peu après, en 1778. Quand il y reviendra pour la deuxième fois comme gouverneur en 1786, il sera devenu Lord Dorchester et ce ne sera plus le même homme. Carleton avait été le digne successeur de Murray comme protecteur des Canadiens; Lord Dorchester consacrera l'essentiel de ses énergies à ces Américains loyalistes qui viennent de s'installer au Canada. Il était autrefois honoré du titre de «père du Canada anglais» dans les manuels d'histoire canadiens anglais. Ce qu'on appellera plus tard la dualité canadienne commence.

Car la guerre d'Indépendance américaine a créé le Canada anglais. Des Américains qui tiennent à rester loyaux à la Couronne britannique, d'autres vaincus qui ont eux, la possibilité de refuser une conquête, commencent à s'établir dans cette partie du continent que l'Angleterre contrôle toujours. Entre 1780 et 1784, la population d'origine britannique triple, passant de 15,000 à 45,000 âmes. Ces «Loyalistes» s'installent en Gaspésie et dans les Cantons de l'Est, mais ils vont plus encore dans les provinces maritimes, où ils entraîneront la création du Nouveau-Brunswick. Ils jettent également les bases de ce qui deviendra en 1791 le Haut-Canada.

La neutralité des Canadiens a conservé le nord du continent à l'Angleterre. Mais la tutelle anglaise a permis aux Canadiens d'échapper à ce qui semblait être leur destin obligé: l'annexion à la nouvelle république américaine voisine, vingt-cinq fois plus peuplée et convaincue que son «destin manifeste» est de prendre possession de la totalité du continent nord-américain. Commençant leur inéluctable ascension vers l'hégémonie mondiale, les États-Unis vont se constituer en vraie nation. Ils n'ont que faire des particularismes de l'Ancien Monde. Ils ne feront qu'une bouchée des 100,000 Allemands qui habitent la Pennsylvanie à l'époque de la guerre d'Indépendance; ils folkloriseront la Louisiane que leur cèdera la France napoléonienne en 1803.

Aux côtés du jeune géant yankee, le Canada naîtra déjà vieux, tourné vers le passé, de l'improbable mariage des Canadiens du Roi-Soleil avec ces Américains qui veulent relever du roi d'Angleterre. Beaux restes d'empires!

*

C'est un Français du nom de Mesplet qui imprimait la propagande américaine invitant les Canadiens à joindre la révolte contre l'Angleterre. Il ne repartit pas avec les envahisseurs et s'installa au Canada. En 1778, il y fonda *La Gazette littéraire de Montréal*, premier journal français de la colonie. La presse canadienne était née.

Les Américains avaient laissé dans leur sillage des idées de liberté auxquelles les Canadiens ne seront pas insensibles. En 1784, ils dénonceront le caractère non-démocratique du Conseil du gouverneur: le paternalisme d'un *French Party* qui a fait son temps ne leur suffit plus. Qu'à cela ne tienne, l'Angleterre leur octroiera en 1791 une Chambre d'assemblée, l'une des premières au monde. Les fils des Habitants de 1760 deviendront les députés du Bas-Canada. Car la colonie est maintenant divisée en deux: le Bas-Canada des Canadiens et le Haut-Canada des Loyalistes, le Québec et l'Ontario d'aujourd'hui.

Alors que la grande nation française en révolution déferle sur l'Europe, sa petite cousine canadienne prend son envol. En ce début du XIXe siècle, souffle partout un vent de liberté. La nouvelle nation canadienne aspire à l'autonomie au sein de l'Empire, sous l'indispensable protection de la mère patrie anglaise contre des visées américaines par trop évidentes. Le chef charismatique de la nation, Louis-Joseph Papineau, croira longtemps que c'est sous l'égide de l'Angleterre que le Canada connaîtra des jours heureux. À la mort de George III en 1820, il fera du monarque britannique un éloge bien senti, le comparant avantageusement à Louis XV, le dernier roi français des Canadiens.

En 1812, quand les Américains envahiront à nouveau le Canada, les Canadiens prendront cette fois-ci les armes, souvent avec ferveur. Salaberry repoussera les envahisseurs à Châteauguay avec des troupes presque entièrement canadiennes. On défend sa patrie, le Canada, dont les Canadiens constituent jusque dans les années 1830 la majorité de la population.

Les nouveaux députés canadiens sont avocats, médecins, journalistes, petits commerçants; ils sont entrés massivement en politique sous l'étendard du nationalisme. On déterre certaines idées de Murray et de Carleton. Le Parti canadien se méfie des programmes publics de dépenses que l'Assemblée ne contrôle pas et qui favorisent les Anglais du Bas-Canada. Le *French Party* est bien mort: c'est la Clique du Château, le Parti des Anglais, qui gouverne maintenant, au détriment des intérêts de la majorité canadienne.

Les députés du Parti canadien croient aux vertus du système parlementaire britannique; ils adhèrent aux valeurs démocratiques anglaises. On demande donc, comme le Parti réformiste du Haut-Canada voisin, que l'Assemblée ait un contrôle réel sur les dépenses du gouvernement. Le gouverneur refuse; les députés canadiens ne votent pas les crédits; le gouverneur dissout l'Assemblée; la population réélit les mêmes députés. Et on recommence. Avec en prime les discours enflammés de Papineau, les insultes des journaux anglais, les pétitions à Londres. Encore une fois, mais un cran plus haut. Encore et encore...

Autour de 1831, à l'insu de tous c'est le dérapage. Le ministre anglais des Colonies, Lord Goderich, propose un compromis: l'Assemblée pourra contrôler les dépenses à condition d'approuver en bloc les salaires des membres du Conseil exécutif. C'était à l'origine la proposition des modérés du Parti canadien. Mais le Parti canadien est devenu en 1826 le Parti patriote et il s'est radicalisé. On demande maintenant que les membres du Conseil exécutif soient élus, que la Clique du Château disparaisse; on veut que la Chambre d'assemblée gouverne. Sur la recommandation de Papineau, l'Assemblée rejettera la proposition de Lord Goderich. L'Angleterre n'ira pas plus loin.

Alors que les modérés décrochent, que l'Église carrément s'oppose, Papineau reste confiant. La cause des Canadiens est juste et la révolte gronde aussi pour des raisons analogues au Haut-Canada. Le *Times* de Londres lui-même n'écrit-il pas qu'il ne vaut pas la peine de rester au Canada s'il faut s'y maintenir de force? De toute façon, il est bientôt trop tard: à Montréal, les troupes anglaises ont tiré sur la foule et deux Canadiens sont morts. Le peuple canadien en colère affirme par la voix de Papineau sa fierté nationale et bientôt sa volonté d'indépendance.

Le reste, comme la bataille des plaines d'Abraham, est bien connu: c'est l'insurrection en 1837-1838 dans les deux Canadas. La rébellion sera durement réprimée par le pouvoir britannique. Dix-huit patriotes seront pendus, cinquante-huit seront déportés. Plusieurs autres seront emprisonnés, dont certains joueront par la suite un rôle politique important: Louis-Hippolyte Lafontaine, Georges-Étienne Cartier.

Aucune élite n'avait malheureusement légué aux députés canadiens, à ces fils et frères d'Habitants, une pensée politique qui prenait en compte l'expérience de la Conquête. Il y avait bien sûr l'Église, mais l'Église... On fit donc de la politique comme si la Conquête n'avait pas eu lieu. Le Parti canadien se comporta comme si le Bas-Canada était une colonie anglaise parmi d'autres qui voulait accéder à l'autonomie. À la fin, le Parti patriote voulut passer à l'indépendance sans avoir organisé l'insurrection, sans en avoir les moyens. On avait oublié que l'Angleterre n'était pas qu'une mère patrie qui se faisait prier: elle était également ment le conquérant des Canadiens.

On avait oublié également qu'il y avait pour la première fois au Canada autant d'Anglais que de Canadiens. Lord Durham rendra le verdict au nom du Conquérant. Le Bas et le Haut-Canada seront unis; les Canadiens, bientôt minoritaires, seront assimilés; cela permettra d'accorder à la colonie un *self-governement* devenu inévitable. Les réformistes du Haut-Canada obtiendront graduellement ce pour quoi ils avaient combattu.

La nation canadienne elle, ne s'en remettra jamais. Désormais, on parlera des Canadiens français.

CHAPITRE 2

Un pays bâti sur la conquête

L'édition du 22 septembre 1988 du *Toronto Star*, ce quotidien dont on dit qu'il véhicule bien certaines craintes des nationalistes canadiens-anglais à l'égard du libre-échange. En page 8, une grande photo de Jean Chrétien souriant. L'ancien ministre libéral accueille à Toronto quatre cents supporters: "*John Chretien welcomes some of the...*"

John Chretien?

Jean Chrétien est très aimé au Canada anglais, où chacun sait que le «p'tit gars de Shawinigan» est un francophone originaire du Québec. Il exerce depuis quelques années sa profession d'avocat dans la capitale ontarienne; la loyauté canadienne d'un des Québécois qui a convaincu ses compatriotes de voter Non au référendum de 1980 n'a jamais fait de doute.

C'est suffisant pour que le *Toronto Star* appelle "*John Chretien*" celui qui ambitionne de devenir le prochain premier ministre du Canada.

LE CŒUR QUÉBÉCOIS

Prenez un livre d'histoire du Canada utilisé dans les écoles secondaires du Canada anglais, dans les années 30[1]. C'était trente ans avant le nationalisme québécois moderne, avant que l'action du *French power* à Ottawa ne change profondément l'idée que les Canadiens anglais se faisaient du Québec et du Canada. Dans le *"Dominion of Canada"* du premier ministre Richard Bennett, quand la catholique province de Québec était encore *"priest ridden*[2]*"*, selon le cliché de l'époque, vous vous attendez à lire une histoire du Canada passablement différente de celle qu'on enseignait, hier encore, dans les écoles québécoises.

On y mettait longuement l'accent sur l'époque heureuse de la Nouvelle-France; puis, on passait rapidement au Canada et au Québec contemporains. On ne s'était pas attardé sur les cent ans, émotivement pénibles, qui séparent 1763 de 1867 et où s'est opérée la genèse du Canada moderne. Par comparaison, ce qu'on apprenait en 1934 aux collégiens canadiens-anglais sur l'histoire du pays devrait nous aider à comprendre davantage les assises, côté anglophone, de l'identité canadienne d'aujourd'hui.

Tout de suite, une surprise, et de taille. L'histoire du Canada, version traditionnelle anglaise, diffère de la version française, mais pas là où l'on s'y attendrait. Car la Nouvelle-France y est, dans le détail, étalée sur plusieurs chapitres. Champlain, Frontenac, les Habitants et les seigneurs, la déportation des Acadiens. À peu près rien de ce que l'on enseignait au Québec ne manque. Sauf l'émotion bien sûr, mais sans beaucoup de distorsions non plus, si l'on tient compte de l'époque.

La différence essentielle, à laquelle on s'attendait, est que l'on s'attarde à la fondation, dans les années 1780, de ce qui deviendra le Canada anglais; l'on attache davantage d'importance également à la période qui précéda la Confédération de 1867. Quand il est question des Loyalistes, de ces Américains qui payèrent le prix pour rester fidèles au roi d'Angleterre, on retrouve par moments le lyrisme de vieux livres d'histoire canadiens-français, lorsqu'ils racontaient l'époque bénie des pionniers de la Nouvelle-France.

Mais comment se fait-il que les Canadiens anglais en apprenaient autant sur la Nouvelle-France en 1934, longtemps avant que le bilinguisme ne devienne à la mode chez leurs élites, en un temps où celles-ci considéraient souvent le Québec, de façon plus ou moins affichée, comme arriéré? On trouve la clef de l'énigme dans une petite phrase, à première vue anodine, qui conclut ainsi l'épisode de l'invasion du Canada par les Américains en 1812: «Encore une fois, les envahisseurs américains ont été repoussés, comme en 1776, comme en 1690.»

Pas de problème avec 1776 où le Canada, britannique de fraîche date, avait été envahi une première fois par les Américains, dans le cadre de leur guerre d'indépendance contre l'Angleterre. Mais 1690? C'est l'un des épisodes les plus célèbres de l'histoire de la Nouvelle-France. L'ombrageux gouverneur Frontenac prend des accents louis-quatorziens pour lancer, à l'envoyé de Phipps qui le somme de se rendre, une tirade que tous les petits Québécois d'hier connaissaient par cœur: «Allez dire à votre maître que je lui répondrai par la bouche de mes canons.» Comment peut-on assimiler le Canada britannique qui repousse en 1812 les Américains, à la Nouvelle-France qui tient tête en 1690 aux Anglais?

Il n'y a évidemment qu'une explication, qui en dit long sur la nature du Canada: le pays fut non seulement bâti à partir de la Nouvelle-France, ce qui est une réalité objective, mais il s'est voulu très tôt l'héritier, le continuateur de l'empire fondé par la France au XVIIe siècle en Amérique. Et ce — c'est un point capital — contre les Américains. De fait, après vérification, l'ennemi de Frontenac, Phipps, était un Anglais de la colonie du Massachussetts, un de ces «Bostonnais» qui deviendront plus tard les Américains.

L'identité canadienne a bien intégré cette réalité qu'on enseignait dès 1934 aux écoliers canadiens-anglais: l'Angleterre a pris la relève de la France au nord du continent, contre ses anciennes colonies américaines. L'histoire de la Nouvelle-France fait partie intégrante de l'histoire du pays. Ce n'est pas une simple coïncidence si celui-ci s'est toujours appelé Canada, sous le régime anglais comme sous le régime français.

Manifestation très contemporaine de ce phénomène, la connaissance approfondie du Québec qu'ont beaucoup d'intellectuels et d'universitaires du Canada anglais. Sur pratiquement toutes les facettes de la société québécoise, il est possible de lire des analyses raffinées par des Canadiens anglais qui donnent, par moments, l'impression de connaître mieux le Québec que les Québécois eux-mêmes. Une partie des élites canadiennes-anglaises apparaissent littéralement fascinées par l'identité québécoise et son enracinement.

Le Québec est aussi, ne l'oublions pas, au cœur physique du Canada. Or l'aspect territorial, ce qu'on appelle en anglais le *mappism*, est depuis toujours une composante essentielle de l'identité officielle canadienne. La devise officielle du pays est *A Mare Usque ad Mare*: d'un océan à l'autre. Il est vital émotivement pour l'identité canadienne que le pays s'étende sur une carte de l'Atlantique au Pacifique, tout d'une traite, d'une seule couleur.

Le fait que le Canada se soit bâti à partir du Québec, qu'il ne puisse s'imaginer sans lui, a été mis de côté sinon oublié par le nationalisme québécois issu des années 60 pour des raisons faciles à comprendre. Alors que l'Angleterre a essayé en 1763 et en 1840 de faire disparaître les anciens Canadiens, alors que leurs descendants ont subi aux mains des Anglais plus que leur part d'exploitation et d'humiliation, alors que les Québécois d'aujourd'hui ont beaucoup de mal à se faire reconnaître comme une modeste société distincte, ils peuvent être facilement excusés d'être quelque peu sceptiques quand on leur dit que le Canada a voulu continuer la Nouvelle-France, que l'identité franco-canadienne est au cœur de l'identité canadienne d'aujourd'hui. C'est pourtant une réalité historique difficilement contestable.

Notons incidemment que la réciproque n'est pas vraie. S'il est très difficile pour le Canada de se projeter sans le Québec, celui-ci a toujours eu la possibilité — et parfois le besoin — de s'imaginer hors du Canada. Les élites intellectuelles et les créateurs, qui sont au cœur du nationalisme québécois, se désintéressent traditionnellement du Canada anglais. Même dans un domaine comme la science politique où la spécificité de la culture canadienne-anglaise est incontestable et où elle rejoint fréquemment la réalité québécoise, on regarde souvent de façon prioritaire du côté de l'Europe et des États-Unis. Il existe au Québec français un goût des choses internationales et américaines qui est en partie une fuite du Canada.

L'EFFET DE LA CONQUÊTE

Les Canadiens anglais qui s'y connaissent admettent généralement que le Canada se soit bâti à partir du Québec. George Grant, dans son livre classique *Est-ce la fin du Canada*, le rappelait opportunément dans les années 60, avant que les réformes de l'ère Trudeau ne viennent apporter une nouvelle et éclatante démonstration de cette réalité. Celle-ci est d'ailleurs partie intégrante de l'idéologie officielle canadienne. En 1982, l'ancien gouverneur général du Canada, Jules Léger, se décrivait comme le 63e gouverneur du pays depuis Champlain. Ce n'est pas cela qui pose problème. C'est plutôt que M. Léger ajoutait «dans une lignée historique sans brisure[3]».

De 1608 à 1982 sans brisure... Le Canada reconnaît la Nouvelle-France, l'apport d'un Québec dont il ne saurait se passer. Mais est passée sous silence, est niée la formidable rupture de la bataille des plaines d'Abraham, qui décida que l'Amérique serait anglophone. Le système ne prend pas en considération les effets politiques permanents de la Conquête. Or, ce n'est pas uniquement à partir des anciens Canadiens de 1760 que s'est bâti le Canada moderne, mais à partir de Canadiens qui avaient été conquis.

Ce refus de reconnaître qu'il y eût brisure attriste toujours un peu de la part d'un francophone, même si cela ne peut être que de plus en plus fréquent à mesure que le temps passe. C'est le signe d'une séparation, d'une aliénation profonde par rapport à l'identité des anciens Canadiens. Cette attitude est à première vue plus compréhensible chez un anglophone. Après tout, peut-on penser, ce n'est pas vraiment son problème. Ce sont les ancêtres des Québécois qui ont vécu la Conquête, leurs descendants qui en supportent encore aujourd'hui certaines conséquences, réelles ou imaginaires.

Il n'y a pas de grand traumatisme collectif à descendre de conquérants. Au contraire, si on faisait preuve en ces domaines de plus de franchise, beaucoup avoueraient sans doute qu'ils en éprouvent une certaine satisfaction. À moins d'être masochiste, c'est la situation présentant objectivement le plus d'avantages. Surtout quand on sait ce que cela signifie que d'être de l'autre côté. C'était, ne l'oublions pas, le cas des premiers Canadiens anglais, les Loyalistes, qui venaient de subir une cuisante défaite aux mains des Américains.

Il faut tenir compte aussi de ce qu'une bonne partie des Canadiens anglais ne sont plus maintenant d'origine anglo-saxonne. Pas surprenant que l'on n'ait à peu près jamais étudié les effets de la Conquête sur le Canada anglais ou sur l'identité canadienne moderne. A l'orée de l'an 2,000, cela fait dépassé, voire un peu ridicule, de s'attarder encore sur cet antique événement si souvent ressassé. La majorité des Canadiens n'en ont jamais entendu parler; ceux qui connaissent l'affaire penseront qu'il s'agit là de la même vieille rengaine de Québécois qui se plaignent, d'enfants gâtés qui se plaindront toujours, quelles que soient les concessions qu'on leur fera. Et Dieu sait si on leur en a déjà fait...

Une telle attitude est explicable, elle est compréhensible. Elle ne laisse quand même pas d'être regrettable, car la conquête de 1760 a eu un effet structurant sur l'identité collective de tous les Canadiens d'aujourd'hui. Du Torontois d'origine italienne au retraité américain de Victoria, en passant par tous ces Canadiens et Québécois ordinaires qui font le pays. Qu'ils n'en soient pas conscients ne change pas cette réalité.

Cette influence remonte aux tous débuts du pays. Le Canada anglais n'a jamais existé seul, sans son pendant français. L'identité québécoise, si elle est capable à cause de ses origines autonomes de se projeter hors du Canada, a néanmoins bénéficié d'un input anglais, à un moment important de sa genèse historique. Les deux identités sont en relation depuis plus de 200 ans; elles se sont pénétrées; elles sont présentes l'une au sein de l'autre. La Conquête n'a pu affecter l'une sans affecter l'autre. On peut même prétendre qu'elle est devenue, ces derniers trente ans, un problème aussi canadien que québécois. Les Canadiens auraient paradoxalement à l'affronter, même si le Québec devait s'en aller.

Il est important ici de noter que le problème n'est pas que l'identité canadienne et l'identité québécoise soient en relation. Face à la formidable puissance américaine qui commençait à se manifester sur le continent nord-américain, les anciens Canadiens et les Loyalistes avaient besoin les uns des autres pour survivre à la naissance des États-Unis. Les anciens Canadiens, même s'ils n'avaient pas été conquis, auraient eu vraisemblablement intérêt à se joindre aux Américains loyalistes. En elle-même, la jonction des deux groupes était dans leur intérêt commun: c'est là qu'il faut chercher l'origine de ce que le Canada a de fonctionnel au plan politique, de ce qui lui a permis d'exister comme pays depuis 200 ans.

Le problème est que la relation entre les anciens Canadiens et les Loyalistes s'est nouée sur la Conquête, dont l'identité canadienne s'est nourrie et sur laquelle est encore bâtie le Canada. Le processus s'est accentué ces dernières années; il menace maintenant ce qu'il y a de sain dans la relation entre l'identité canadienne et l'identité québécoise. Au pire, c'est l'intégrité de la société québécoise, l'intégrité du Canada qui sont en cause.

La dynamique de base est relativement simple. Le Canada fut constitué d'une population en majorité francophone sous contrôle britannique pendant la quasi-totalité de sa longue période de gestation: 80 ans, de la conquête de 1760 à l'Union en 1840. La population canadienne de langue anglaise, d'origine américaine, n'augmenta que lentement, pour devenir majoritaire dans les années 1830. Cela n'a pas pu faire autrement que d'avoir des conséquences profondes sur la nature du pays qui se formait.

Des deux côtés on a pris, comme on dit, des habitudes. A joué l'effet essentiel d'une conquête sur le plan politique: la confiscation au profit des conquérants d'une partie du pouvoir qui découle naturellement de l'identité collective des conquis. Par définition, les identités collectives sont génératrices d'un pouvoir politique qui est la manifestation de leur volonté de vivre.

À la fin des années 1770, la guerre d'Indépendance américaine fait naître le Canada anglais: certains habitants des Treize colonies qui refusent la révolution américaine émigrent au nord, où ils trouvent les anciens Canadiens solidement enracinés et sous contrôle britannique. Il est important de garder en mémoire que ces Loyalistes ne sont pas des Anglais d'Angleterre comme Murray ou Carleton, mais bien des Américains.

Ils profitent immédiatement des effets politiques de la Conquête, de la force des anciens Canadiens qui à ce moment en est une d'inertie. La neutralité des Canadiens sous domination britannique empêchera les Américains de conquérir le pays. Ce coup de pouce aussi involontaire que décisif permettra au Canada anglais de naître, aux premiers Canadiens anglais de s'installer. Le rôle du gouverneur Carleton, d'abord l'ami des anciens Canadiens, puis le père du Canada anglais sous le nom de Lord Dorchester, sera dans ce processus important.

Les Loyalistes seront bientôt rejoints par d'autres immigrants américains, non-loyalistes ceux-là. Non politisés, ils émigrent au Canada pour des raisons économiques, à la poursuite de la «Nouvelle Frontière», le Haut-Canada du temps, l'Ontario d'aujourd'hui. Lors de la deuxième invasion américaine du Canada en 1812, ces Américains non-loyalistes constitueront la majorité de la population anglaise du Canada. Les Canadiens anglais profiteront alors une seconde fois des effets politiques de l'existence des anciens Canadiens. Ceux-ci feront preuve pour défendre le Canada d'une ardeur qui contrastera avec le manque d'enthousiasme parfois de la population anglophone, majoritairement américaine et non-loyaliste.

Par la suite, de 1815 à 1850, le Canada recevra un grand nombre d'immigrants en provenance des îles britanniques — au-delà d'un million de personnes. Mais il est vital pour notre propos de se rappeler que, durant la période de formation de l'identité canadienne-anglaise, durant la gestation du Canada moderne, on avait affaire à une majorité d'anciens Canadiens conquis, à un nombre restreint d'administrateurs et de militaires britanniques et à des Américains, pour la plupart non-loyalistes.

À l'origine, la société canadienne-anglaise ressemblait trop à la société américaine pour justifier la création d'un état indépendant, même si on en avait le désir politique. Les États-Unis étaient trop puissants, les premiers Canadiens anglais trop peu nombreux, trop américains aussi. Heureusement pour eux, ils trouvèrent au Canada ces anciens Canadiens à l'identité collective déjà bien définie depuis le début du XVIIIe siècle, sur lesquels ils purent s'appuyer. Parce que ces anciens Canadiens étaient des conquis, il fut au surplus possible pour les Loyalistes, avec l'appui de l'administration britannique, d'utiliser politiquement l'identité canadienne au profit du nouveau pays que l'on voulait construire.

La disponibilité, en raison de la Conquête, de l'identité collective dense des premiers Canadiens et de leurs descendants a eu avec le temps un effet pervers sur le Canada anglais. Elle l'a dispensé d'enraciner beaucoup dans la réalité son identité propre par rapport à l'identité américaine, comme on aurait eu normalement à le faire pour maintenir un État différent des États-Unis dans le nord du continent. On n'a donc pas eu à miser certaines caractéristiques originales du Canada anglais, comme par exemple un régionalisme qui était profond au départ et qui a dégénéré graduellement en un provincialisme beaucoup moins fécond.

Les Canadiens anglais ont pu choisir la voie de la facilité. Eux qui étaient déjà très américains ont pu s'abandonner individuellement à la délicieuse tentation de s'américaniser encore davantage, sans avoir à en subir collectivement les conséquences politiques. Le Québec était là aux moments importants, britannique et disponible, envoyant ses Cartier, ses Laurier, ses Trudeau.

Dans cette optique, l'histoire du Canada peut être vue comme un lent mais systématique siphonnage de l'identité québécoise par l'identité canadienne. Évidemment, le pays n'a pas été que cela. Les francophones ont bénéficié au plan individuel de leur appartenance à la fédération canadienne; collectivement, tout indique qu'ils auraient été assimilés plus rapidement en dehors du Canada. Mais ce n'est pas un hasard si la plus grande partie des descendants des Canadiens de 1760 qui parlent encore le français s'identifient avant tout aujourd'hui comme Québécois, alors que les héritiers des Américains loyalistes de 1780 sont tous devenus des Canadiens[4]. Il y a définitivement eu transfert de quelque chose quelque part.

Les Canadiens anglais ont fondé dans le nord du continent un État séparé des États-Unis. Ils lui ont donné des assises économiques propres; avec l'aide du Québec, ils ont élaboré une culture politique dont l'originalité ne fait pas de doute. Mais la société canadienne-anglaise est demeurée une société américaine, la culture canadienne-anglaise est pour une grande part une culture américaine. La spécificité canadienne anglaise s'est toujours et avant tout exprimée dans deux domaines, le politique et l'économique.

Cela explique les craintes des nationalistes canadiens-anglais face à la libéralisation des échanges avec les États-Unis, car cela met en cause l'un de ces deux domaines. Par ailleurs, dans la mesure où la spécificité culturelle du Canada anglais diminue, l'identité canadienne a tendance à se concentrer de plus en plus dans le domaine politique. Et elle est de plus en plus dépendante de la confiscation de certaines conséquences politiques qui résultent naturellement de la spécificité québécoise.

On a eu une bonne illustration de cette réalité, dans le cadre du débat sur l'Accord du lac Meech. Il est apparu alors que certains Canadiens anglais favorables à la reconnaissance du Québec comme société distincte ne l'étaient qu'à la condition implicite que cette reconnaissance ne soit pas porteuse de pouvoir politique. Force est de constater que ces Canadiens, qui se voulaient pourtant ouverts au fait québécois, avaient envers lui, consciemment ou non, une attitude de conquérants.

CHAPITRE 3

Le Canada français (1840-1960)

L'enfant naît attaché dans tous les sens du mot à sa mère. Puis, vient un temps où il doit s'appuyer sur son père pour se détacher de sa mère et accéder à l'autonomie. C'est l'idéal.

Dans la réalité, l'enfant ne trouve pas toujours le père dont il a besoin. Il reste plus ou moins dépendant de sa mère; il éprouve de la difficulté à devenir autonome. Et il a honte...

Dans certaines cultures, les aspects négatifs de cette honte sont compensés par des mécanismes visant à sauver la face.

Ce n'est qu'une fois les conséquences de la rébellion avortée des Patriotes devenues claires avec l'Acte d'union que les Canadiens, en processus de minorisation dans leur propre pays et voués officiellement à l'assimilation, furent pour la première fois confrontés à «l'impensable». On est au début des années 1840; quatre vingts ans auparavant, seule l'Église avait quelque peu réalisé ce qu'impliquait la Conquête.

Le choc fut terrible. Les élites canadiennes, à la veille de devenir canadiennes-françaises, sombrèrent dans un bref mais intense moment de dépression collective. Il est encore aujourd'hui émouvant de lire la plainte du journaliste Étienne Parent. La mort de la nation canadienne et l'assimilation de ses compatriotes lui apparaissent inévitables.

Mais Parent se remettra bientôt de son abattement, comme ces autres Patriotes emprisonnés — Louis-Hyppolite Lafontaine, Georges-Étienne Cartier — que l'échec de 1837 a profondément marqués. Nécessité oblige: ils travailleront sous le nouveau régime à la défense des droits des Canadiens français. Leur collaboration forcée avec les Anglais du Haut-Canada produira rapidement des résultats qu'ils n'escomptaient pas.

Avec l'aide des Réformistes de Robert Baldwin, Lafontaine fera reconnaître à nouveau la langue française au parlement du Canada-Uni; ensemble, ils obtiendront la responsabilité ministérielle au début des années 1850. Entretemps, le nouveau leader des Canadiens français aura supporté sans broncher les amers reproches de son ancien chef, Papineau. Mythe vivant revenu de son exil américain, le vieux leader canadien prêchait maintenant en Chambre l'annexion aux États-Unis.

Il s'avérera rapidement clair que l'Union des deux Canada sera très difficile à gérer. Pour contrer une nouvelle montée de l'impérialisme américain et à la suggestion pressante de l'Angleterre, on pensera à joindre le Canada-Uni aux autres colonies britanniques du nord du continent. Georges-Étienne Cartier insistera alors pour que l'on adopte un système fédéral et que l'on donne aux Canadiens français un gouvernement à eux, auquel ils aspirent depuis la Conquête.

Certains de ces pragmatiques hommes politiques prendront au passage le goût des choses anglaises. Georges-Étienne Cartier, le principal père canadien-français de la Confédération, avait été accusé de trahison par le pouvoir britannique en 1838, et ce pour avoir combattu avec les Patriotes. Il mourra Sir George — sans «s» à son prénom — à Londres en 1873, anglicisé de manières et notable reconnaissant du nouveau régime.

L'obtention en 1867 par les descendants des anciens Canadiens du premier gouvernement qu'ils contrôlaient eux-mêmes constituait leur plus grande victoire politique depuis la Conquête, victoire d'autant plus significative qu'elle n'était pas qu'une concession des Anglais mais résultait des efforts de certains des leurs. Le drame fut que ce gouvernement arrivait un peu tard. Les Canadiens français étaient devenus incapables d'utiliser pleinement leurs nouveaux pouvoirs politiques, beaucoup plus limités pourtant que ceux du gouvernement québécois d'aujourd'hui.

En effet, les Canadiens français de 1867 se distinguaient maintenant beaucoup de leurs pères canadiens de 1830. Le nationalisme patriote avait été parfois irréaliste, mais il avait toujours été résolument politique, axé sur la prise de contrôle du gouvernement du Bas-Canada. Après l'échec de la rébellion, les élites canadiennes-françaises sombrèrent graduellement dans un messianisme religieux, conservateur et anti-étatique. C'est à cette époque — et non pas, comme on le croit souvent, sous le régime français ou à la Conquête — que naît l'Église canadienne-française triomphante, qui jouera un rôle politique majeur jusqu'en 1960. La crédibilité de l'Église en 1840 est à son zénith. Les autres élites ont lamentablement échoué. Seule l'Église a la possibilité de rappeler:«Je vous l'avais bien dit.»

Les Canadiens français ne pouvaient pas accéder à l'autodétermination sur le plan politique? Ils étaient exclus du pouvoir économique, condamnés à la minorisation? Qu'à cela ne tienne, la mission de la nation canadienne-française relevait de toute façon d'un autre ordre. Au sein d'un continent matérialiste et protestant, on porterait haut le flambeau des valeurs spirituelles et intellectuelles associées au catholicisme. Pour sauver l'honneur de la collectivité, on en viendra au fil des années à élaborer toute une idéologie sur la mission spirituelle de la nation canadienne-française, à la grandeur du pays et du continent, à la grandeur du monde. Tous les politiciens de l'époque, les Cartier, les Laurier, les Mercier, devront composer avec cette idéologie qui deviendra dominante au Canada français à partir de 1860.

Dans une deuxième moitié du XIXe siècle profondément impéria-
liste, des historiens ont démontré[1] comment les Canadiens français
avaient été impérialistes à leur façon, transférant leur énergie nationaliste du domaine politique au domaine religieux. C'est à cette époque
que le Québec se met à exporter partout des religieuses, des prêtres
et des évêques: au pays de la rivière Rouge, en Orégon, au Brésil, même
dans la Russie des Tsars. L'un des grands moments du nationalisme
canadien-français sera l'envoi en 1870 d'une compagnie de zouaves pour
défendre Sa Sainteté assiégée par l'Italie nouvelle qui veut Rome pour
capitale.

Cette fuite dans le religieux permit à l'identité canadienne-française
de sauver la face et de maintenir son intégrité psychologique, malgré
la dramatique défaite de 1837-1840; elle atténua le douloureux contact
avec le traumatisme collectif refoulé de la conquête de 1763. Dans la
réalité québécoise et canadienne, le prix à payer fut cependant considérable. Car cela empêcha les Canadiens français d'utiliser pleinement
les pouvoirs du premier gouvernement qu'ils contrôlèrent, à partir de
1867.

Une nation élue n'a que faire d'une administration provinciale. Pendant qu'un nationalisme canadien-français sonore et impuissant tentait
d'évangéliser l'univers, pendant que l'on consacrait ses énergies à la
défense de valeurs conservatrices inexorablement en régression, on s'avérait incapable de saisir certaines opportunités offertes par la Confédération canadienne.

L'OUEST SERA ANGLAIS

Dès 1774, l'Angleterre avait redonné à la *Province of Quebec* étri-
quée de 1764 une partie des amples frontières de l'ancienne Nouvelle-
France. Montréal récupérait l'arrière-pays dont elle avait un urgent
besoin pour continuer de contrôler le commerce des fourrures, qui
s'approvisionnait de plus en plus loin à l'ouest. On revenait ainsi pour
une bonne part à la structure économique prévalant sous le régime
français.

Mais à cause des effets structurants de la Conquête sur le plan
psychologique, économique et politique, c'est le Canada anglais naissant qui profitera pour l'essentiel de ce changement. Les historiens
canadiens-anglais ont bien fait ressortir ce rôle de *Montreal* comme point

d'appui de la conquête de l'Ouest, de la construction d'un Canada plus grand, dont les francophones furent peu à peu exclus.

Ceux qui faisaient dans l'Ouest la traite des fourrures restèrent majoritairement de langue française pendant toute la première partie du XIXe siècle, longtemps après que le contrôle de ce commerce fut passé aux mains des Anglais de Montréal. La première langue parlée à Fort Edmonton fut le français. Ces continuateurs de la vieille tradition des coureurs de bois épousèrent souvent des autochtones du territoire pour former plus tard une nouvelle nation, en majorité française. C'est pour cette petite nation métisse que fut créée en 1870 la province du Manitoba. Elle était à l'origine entièrement biculturelle en fait et en droit, dotée d'une constitution copiée sur celle du Québec.

La fameuse affaire Riel, puis l'épisode des écoles françaises du Manitoba, sanctionneront à la fin du XIXe siècle l'échec d'une tentative d'enracinement du fait français dans le nouveau Canada qui naît dans l'Ouest du pays. Le groupe anglais fera savoir alors, de façon non-équivoque, qu'il se considère toujours comme l'héritier du conquérant. Il exprimera un refus très émotif de la dualité canadienne en dehors du Québec, se montrant intraitable quant à la nature fondamentalement anglaise de ce nouveau Canada.

L'idéologie conservatrice et religieuse du Canada français, comme la mission spirituelle qu'il s'est donné depuis la mort de la nation canadienne, feront le reste. Dans ces dix années capitales qui vont de 1870 à 1880, le Canada français sera incapable de s'approprier une part de cet Ouest formellement bilingue qui est à prendre. Après, il sera trop tard. Et pourtant, la population franco-américaine de la Nouvelle-Angleterre doublera durant la même période, passant de 103,000 âmes en 1870 à 208,000 âmes en 1880.

On a reproché à bon droit au gouvernement fédéral d'avoir subventionné la venue en masse d'immigrants de l'Europe centrale pour peupler l'Ouest, alors qu'on ne faisait pas grand-chose pour empêcher les Canadiens français de s'exiler aux États-Unis. Force est pourtant de constater que ce n'est pas vraiment cela qui explique que l'Ouest soit aujourd'hui anglophone. Quand les immigrants d'outre-mer arrivèrent dans cette région du pays autour de 1900, le gros de l'exode canadien-français vers les États-Unis était déjà terminé. Et le caractère irrémédiablement anglophone de l'Ouest avait été décidé bien avant, entre 1870 et 1880, par une immigration provenant essentiellement de l'Ontario.

Les Anglo-Saxons de l'époque, parfois fanatiques, toujours conquérants, ne firent bien sûr pas de cadeau aux francophones. Mais la mentalité canadienne-française d'alors explique aussi qu'on ait préféré les «Petits Canada» chaleureux, juste de l'autre côté de la frontière québécoise, aux opportunités de la lointaine grande Plaine, au-delà de l'inhospitalière Ontario. S'il faut rappeler ces conséquences néfastes de l'idéologie élaborée par le nationalisme canadien-français après 1840 pour sauver la face, c'est qu'il y a danger d'une répétition du processus, dans la foulée de l'échec référendaire de 1980.

De façon rétrospective, l'échec de l'enracinement de la dualité canadienne dans l'Ouest était inévitable, à cause des séquelles de la Conquête que l'épisode fit apparaître chez les deux groupes. Cela vouait le Canada à devenir un pays anglais, où le Québec français serait de plus en plus marginalisé: l'affaire des écoles bilingues du Manitoba pavait la voie au nationalisme centré sur le Québec qui s'est exprimé à partir de 1960.

Pas étonnant par ailleurs que le répondant canadien de ce nationalisme québécois, le *French power*, ait axé son action sur le bilinguisme formel de la fédération, en particulier dans l'Ouest: cela remuait de poignants souvenirs chez les francophones canadiens. Les zélés du bilinguisme ont essayé de convaincre les Québécois qu'on était en train de réaliser le vieux rêve d'Henri Bourassa d'un Canada binational. Dans un Ouest devenu totalement anglophone, le maquillage est cependant trop superficiel pour faire oublier que cette bataille a été perdue dans la réalité, il y a plus d'un siècle.

La tragique aventure du chef de la nation métisse, Louis Riel, pendu pour calmer la clameur des orangistes ontariens, souleva le Canada français des années 1880. Mal connu des Québécois d'aujourd'hui, Riel est devenu un héros au Canada anglais, le héros canadien par excellence selon certains. Sa trouble destinée de perdant fascine des écrivains comme l'écrivaine Margaret Atwood; elle réveille d'obscurs sentiments de culpabilité.

C'est Wilfrid Laurier, le premier Canadien français à devenir premier ministre du Canada, qui aura paradoxalement à sanctionner la fin des écoles françaises séparées au Manitoba, en 1896. Il présidera par la suite à la création de l'Alberta et de la Saskatchewan, au lancement enthousiaste de cette nouvelle région anglaise du pays: «Le XXe siècle sera le siècle du Canada!»

Le même Laurier, devenu Sir Wilfrid, réussira à canaliser vers le Canada un peu de la ferveur que la majorité anglaise éprouve encore pour l'Empire britannique. C'est à cette époque que naît le sentiment national canadien, dans le sens où on l'entend généralement aujourd'hui. Pour la première fois, les Canadiens anglais commencent à se sentir par moments, non plus seulement britanniques, mais *Canadian*.

Est-ce vraiment une coïncidence si cela faisait suite au premier affaiblissement majeur de la dualité canadienne, sous un premier ministre canadien-français? Comme si, pour qu'il y ait plus de Canada, il fallait qu'il y ait moins de Québec.

LE FÉDÉRALISME CANADIEN

En 1867, le pays s'était doté de justesse d'une constitution fédérale. Georges-Étienne Cartier avait plaidé que seul un tel système serait acceptable à ses compatriotes canadiens-français: ils tenaient à avoir un gouvernement à eux et par eux, un gouvernement qui serait souverain dans les domaines leur important, comme le droit civil ou l'éducation. Il est bien connu que celui qui allait devenir le 1er premier ministre canadien, John A. McDonald, aurait préféré quant à lui un État unitaire.

Pas étonnant que le texte originel de la Constitution canadienne, fruit d'un compromis entre points de vue opposés, ait été à peine fédéral. L'Acte de l'Amérique du Nord britannique de 1867 centralisait à Ottawa tous les pouvoirs importants du temps; il donnait au gouvernement fédéral le droit de contrôler les gouvernements provinciaux. Cela allait à l'encontre de l'un des principes du fédéralisme, qui veut que chaque ordre de gouvernement soit souverain dans son domaine de compétence.

Au début du XIXe siècle, l'envolée de l'Ouest accentua le régionalisme du Canada anglais. Par ailleurs, avec l'affaire Riel, le nationalisme canadien-français devint très difficile à gérer au niveau fédéral. Pour survivre, le régime dut évoluer en une fédération décentralisée, ce que le Canada était devenu à la veille de la crise des années 30.

Il est intéressant de noter que cette décentralisation fut encouragée par les jugements du plus haut tribunal britannique de l'époque, auquel étaient soumises en dernier ressort les causes canadiennes en matière constitutionnelle. Une fois encore, une partie du pouvoir anglais — cette fois-ci le très solennel Comité judiciaire du Conseil privé de Sa Majesté à Londres — augmentera le pouvoir contrôlé par les descendants des anciens Canadiens.

Cette période prit fin avec le krach de 1929. Presque en banqueroute, les provinces s'avérèrent impuissantes à reconstruire l'économie dévastée des années 30. Plus tard, lorsqu'on se mit à construire l'État-providence dans l'euphorie de la prospérité de l'après-guerre, le dynamisme du Canada anglais et l'activisme du gouvernement fédéral contrastèrent fortement avec l'inertie d'une société canadienne-française manifestement dépassée. Avec l'approbation tacite d'un Canada anglais de plus en plus homogène, un processus profond de centralisation se mit en branle, sans qu'un Québec recroquevillé sur le passé n'y puisse changer grand-chose.

À la fin des années 50, le Canada était en train de se transformer, mine de rien, en un État quasi unitaire. À la glorieuse époque des programmes à frais partagés, le rôle des provinces apparaissait inéluctablement devoir être celui d'appliquer des programmes décidés et planifiés à partir d'Ottawa, sous la compétente tutelle d'anonymes et tout puissants mandarins fédéraux. L'Eisenhower canadien, Louis Stephen Saint-Laurent, présidait débonnaire à ce qu'on appela «le fédéralisme coopératif».

Les nouveaux pouvoirs d'Ottawa s'exerçaient dans des domaines de compétence qui étaient traditionnellement provinciaux. Il y eut le cas des fameuses subventions fédérales aux universités. À cette occasion, le premier ministre du Québec, Maurice Duplessis, menaça des pires représailles les institutions québécoises d'enseignement qui mangeraient dans la main d'Ottawa. Devant la volonté par trop évidente des Anglais de s'approprier son «butin», le retors politicien de Trois-Rivières fit ce qu'il fallait pour garder le contrôle de ses troupes, comme Briand deux cents ans plus tôt.

Pendant que Duplessis gardait le fort, commençaient à se manifester au Québec les signes d'un changement profond. La vieille chenille canadienne-française terminait sa métamorphose en frétillant papillon québécois. Éclaterait bientôt, au début des années 60, le coup de tonnerre d'un nationalisme centré sur le Québec.

CHAPITRE 4

Le nationalisme franco-canadien (1960-1982)

C'était hier. Et pourtant, sous plusieurs aspects, c'est déjà loin. Avec des allures de rêve, des allures de parenthèse. Comme la malheureuse nation canadienne des Patriotes, avec laquelle le nationalisme québécois moderne présenterait, sans le savoir, tant de similitudes.

Sans le savoir...Tout au moins, sans le vouloir. Car le nationalisme québécois se piqua vite d'être essentiellement neuf. Avec la joyeuse arrogance de la jeunesse, il tourna résolument le dos au vieux nationalisme canadien-français qui rappelait vraiment trop de défaites et d'humiliations, qui rappelait vraiment trop de honte. Quand «l'équipe du tonnerre» de Jean Lesage et de René Lévesque convaiquit les Québécois en 1962 qu'il fallait nationaliser l'électricité pour devenir «maîtres chez nous», comme la mort de Duplessis, trois ans auparavant, semblait déjà loin!

Bien latin sur ce point, le Québec préfigurait en plus bénin ce qui arriverait plus tard en Espagne, au Portugal, en Grèce: le grand déblocage sans heurt après l'interminable stagnation, la modernisation accélérée d'une société. Si cela n'avait été le libéral Lesage, cela aurait été l'unioniste Sauvé ou un autre, qui aurait présidé à cette Révolution tranquille. Mais cela devait arriver: c'était attendu depuis trop longtemps.

On ne dira jamais assez à quel point, dans l'esprit d'une époque généreuse et prospère, le nationalisme québécois comporta quelque chose de beau, fut fondamentalement positif et ouvert. C'est une des raisons qui rendent difficile pour beaucoup de Québécois de porter aujourd'hui le deuil de certains rêves. Ceux-ci ne correspondirent à peu près jamais à la grossière caricature ethno-centriste qu'on en fît souvent dans le monde anglo-saxon.

Le nationalisme québécois eut rapidement une résonance canadienne, connue sous le nom de *French power*. L'emploi de l'expression «nationalisme québécois» pour décrire ce qui se passa au Québec entre 1960 et 1982 n'est en fait approprié que pour les premières années de la période. C'est au surplus trompeur, car le phénomène fut fondamentalement double. Il est impossible de saisir sa dynamique si l'on se limite à un seul de ses volets. Pour décrire l'ensemble des manifestations de l'énergie nationaliste québécoise à partir du début des années 60, on utilisera dans ce livre l'expression de «nationalisme franco-canadien».

L'action politique des Québécois au sein du gouvernement fédéral eut des effets dans tout le pays, y compris au Québec. Le nationalisme québécois, centré sur la province française, fut sans conteste le volet majeur, celui qui fut le plus flamboyant aussi. Mais ce fut le volet canadien, ce *French power* au départ plutôt marginal, qui remporta finalement le gros de la mise.

Dès 1962, un intellectuel québécois inconnu du public, Pierre Elliott Trudeau, avait fait part à René Lévesque de ses doutes sur l'opportunité de nationaliser l'électricité. Quand ces deux anciens combattants de l'anti-duplessisme discutaient ainsi de la meilleure façon de défendre les intérêts des Québécois, notèrent-ils qu'ils avaient déjà tendance, dans le feu de la discussion, à accentuer leurs divergences d'opinion?

Cette formidable dynamique antagoniste ferait de Trudeau et de Lévesque des géants politiques sur le plan individuel, mais elle se retournerait implacablement contre la collectivité dont ils étaient issus. Car celle-ci les choisirait tous les deux et en même temps, eux qui voulaient sans aucun doute son bien, quand ils s'interpellaient sans pouvoir s'entendre sur la *Quebec Power* et la *Saguenay Power*, sur ces «compagnies de pouvoir» si familières aux Canadiens français d'avant 1960.

LA DYNAMIQUE AUTODESTRUCTRICE

En Nouvelle-France déjà, pendant que les coureurs de bois prenaient possession du continent nord-américain au nom de Sa Majesté «très chrétienne», l'intendant Talon organisait la colonie sur les deux rives du Saint-Laurent: au Québec comme ailleurs, les volets «externe» et «interne» ont toujours existé. Le *French power* et le nationalisme québécois constituaient pour l'identité québécoise deux moyens de s'affirmer. Les Québécois le comprenaient bien, qui votaient pour Lévesque au provincial et pour Trudeau au fédéral, croyant que c'était là, la meilleure façon de défendre leurs intérêts.

Le défi était de taille: rien de moins que de dépasser — enfin — la Conquête. Il fallait assurer au Québec le nécessaire transfert du gros du pouvoir à la majorité francophone. Dans le contexte canadien, il s'agissait bien sûr d'augmenter le pouvoir des francophones au sein de l'administration fédérale et de certains gouvernements provinciaux, mais aussi d'assurer la dévolution au gouvernement du Québec de certaines responsabilités découlant de la spécificité québécoise.

Ce fut l'esprit qui présida aux débuts de la Commission fédérale d'enquête sur le bilinguisme et le biculturalisme — la commission Laurendeau-Dunton — au milieu des années 60. Plusieurs sentaient bien que c'était la seule véritable façon de répondre aux aspirations du Québec et de renforcer le pays dont il faisait partie. Comme on pouvait le prévoir, certains éléments du Canada anglais se montrèrent très réservés quant à cette approche, mais se révéla surtout, chez beaucoup d'anglophones, un étonnant capital de bonne volonté. Il y avait de quoi justifier un certain optimisme.

Il apparut cependant bientôt que le vieil atavisme était toujours là, plus fort qu'on ne le croyait. Les élites québécoises avaient globalement de la peine à gérer le pouvoir, à l'avantage de la collectivité dont elles étaient issues. Indépendamment de la bonne volonté des individus, la dynamique qui s'instaura entre le volet interne et le volet externe de l'affirmation québécoise comportait des aspects auto-destructeurs, qui diminuèrent au bout du compte le pouvoir contrôlé par les Québécois. Force est de constater que ce fut pour l'essentiel à la suite de l'action de francophones.

Le volet interne, le nationalisme québécois, s'enlisa dans l'idéal d'indépendance. Il devint aveugle à la composante historique anglaise, la composante canadienne de l'identité québécoise, ce qui ne pouvait que l'affaiblir. Le volet externe, le *French power*, manifesta quant à lui son aliénation profonde par rapport à la vieille identité canadienne de 1760. Il axa l'essentiel de sa démarche sur le maintien de l'effet fondamental de la Conquête: la négation des pouvoirs politiques découlant de la spécificité québécoise. De façon révélatrice, les deux volets se rejoignirent dans le même accent qu'ils mirent sur l'image: l'image bilingue du Canada, l'image française du Québec.

La conciliation de ces deux volets, comme de ces deux images, se révéla impossible. Le *French power* était aussi le volet canadien; à lui seul, il véhiculait presque tout l'élément anglais de l'identité québécoise. Celle-ci n'ayant que partiellement dépassé la Conquête par l'Anglais, c'était ce volet qui avait les meilleures chances de l'emporter.

La majeure partie des efforts du nationalisme franco-canadien visaient à augmenter les pouvoirs de l'État porteur au plan politique de la spécificité québécoise. Il eut paradoxalement pour conséquence principale, non pas l'affermisssement des pouvoirs du Québec, mais plutôt des transformations du système politique canadien qui favoriseraient la dilution de l'identité québécoise au sein de l'identité canadienne. Encore une fois, l'identité québécoise accouchait à ses propres dépens d'une identité canadienne enrichie.

La dualité culturelle du pays était enracinée dans l'histoire et la réalité canadiennes. Elle était invoquée par le nationalisme québécois pour justifier des demandes qui allèrent un moment jusqu'à l'indépendance, c'est-à-dire pour la majorité des Canadiens jusqu'à la destruction irrémédiable de leur pays. Cette dualité profonde, jamais franchement reconnue du fait de la Conquête, avait subi un premier affaiblissement notable à la fin du siècle dernier, lors de la colonisation de l'Ouest canadien. Dans le feu de la lutte entre le *French power* et le nationalisme québécois, on abandonna comme principe structurant du pays, cette importante source de pouvoir pour le Québec. La dualité culturelle sera officiellement remplacée par deux éléments moins menaçants parce que plus superficiels: le bilinguisme et le multiculturalisme.

Le bilinguisme formel de l'ensemble de la fédération valorise au point de vue individuel l'ensemble des francophones canadiens, du Québécois indépendantiste au francophone hors-Québec dont l'assimilation est presque achevée. Cela touche une corde sensible chez tous les descendants des anciens Canadiens. Au plan individuel, le bilinguisme peut devenir par ailleurs une source de pouvoir pour les francophones comme pour les anglophones qui apprennent l'autre langue officielle.

Mais sur le plan collectif, on se retrouve devant un paradoxe qui en dit long sur le problème canadien et québécois. Le bilinguisme n'est pas générateur de pouvoir pour le Québec, le seul gouvernement que les francophones contrôlent, alors qu'il l'est pour les gouvernements contrôlés par les anglophones. Alors qu'Ottawa veille à l'application de la politique fédérale de bilinguisme, ce sont les gouvernements des provinces anglophones qui sont maintenant responsables des minorités francophones hors du Québec.

On a eu une bonne illustration de cette réalité dans le débat sur l'Accord du lac Meech. Dans le nouveau système, il a été loisible à certains premiers ministres canadiens-anglais de justifier leur refus de l'Accord, en invoquant — à tort ou à raison, ce n'est pas le point — que l'entente ne reconnaissait pas suffisamment les droits des francophones de leur province. C'était un changement majeur, si on se souvient qu'à l'époque du nationalisme canadien-français, seul le Québec se reconnaissait une responsabilité à l'égard des minorités francophones au pays.

Le deuxième élément qui a remplacé dans l'identité officielle canadienne la dualité est le multiculturalisme. Contrairement à ce que l'on croit quelquefois au Québec, cette mesure n'a pas été adoptée pour satisfaire l'Ouest. La plupart des coûts humains de l'assimilation ont été payés depuis longtemps dans cette partie du pays, où l'on considère souvent cette politique fédérale comme une importation peu appréciée du Canada central.

Le multiculturalisme fut adopté pour deux raisons. Il s'agissait de répondre aux attentes des immigrants arrivés en Ontario après la Deuxième Guerre mondiale, dont l'assimilation n'était pas complétée. Mais c'était également un moyen d'éviter de reconnaître le biculturalisme du pays et d'admettre les conséquences politiques de la spécificité québécoise.

Le multiculturalisme réduit en principe le fait québécois à un phénomène ethnique. Contrairement à la dualité, ce nouvel élément de l'identité canadienne n'est pas générateur de pouvoir pour le Québec. Pratiquement par définition, le groupe ethnique est voué à terme à l'assimilation, dans le contexte nord-américain.

A été constitutionnalisée enfin une Charte des droits individuels, nouveau ciment pour maintenir le Canada en place. Avec le temps, cette Charte créera toute une série de droits individuels rattachés à la condition de Canadien. Cela a cependant été payé d'une judiciarisation à l'américaine du système politique canadien, de même que d'un affaiblissement du caractère fédéral du pays. Cela affectera en tout premier lieu la province qui a toujours eu le plus d'intérêt au maintien du fédéralisme, le Québec.

La Charte enlève du pouvoir aux gouvernements, nettement plus aux provinces qu'au fédéral. En théorie, elle donne ce pouvoir aux citoyens, via un système judiciaire contrôlé par Ottawa. La Cour suprême du Canada, dont les juges sont en majorité des anglophones non-québécois, s'est vue octroyer des pouvoirs exercés en toute souveraineté par le gouvernement du Québec avant 1982, dans des secteurs intimement liés à la spécificité québécoise comme la langue. Heureusement pour le Québec, certains premiers ministres anglophones ont obtenu que les provinces aient le droit de déroger, de façon en principe exceptionnelle, à la Charte. On y reviendra.

Pas étonnant que le Québec ait perdu dans l'opération le symbole de son pouvoir politique d'antan, le veto. Le pouvoir d'empêcher toute modification constitutionnelle au pays lui était reconnu de facto par le Canada anglais, à titre de représentant du Canada français. Ce pouvoir n'était plus compatible avec la mutation subie par le fédéralisme canadien, qui impliquait un nouvel affaiblissement de la dualité canadienne de même que la séparation du français de l'identité québécoise.

Il est paradoxal que les réformes constitutionnelles de 1982, et en particulier le rapatriement de la constitution, aient été officiellement présentées par les élites politiques canadiennes comme l'accession du pays à l'âge adulte, alors que le seul gouvernement contrôlé par les francophones était absent et que l'on gardait comme chef d'État, Elizabeth II, symbole de toutes les valeurs qui firent la grandeur de la mère patrie britannique. C'était pourtant la démonstration que l'intégration du nationalisme québécois avait échoué, que la culture politique canadienne, sous son image bilingue, restait d'inspiration loyaliste.

L'intégration constitutionnelle du Québec au sein du Canada était pourtant accentuée. Il était clair dès lors que le problème québécois referait tôt ou tard surface, empiré. Entre autres, parce que le capital de bonne volonté des Canadiens anglais à l'égard du Québec aurait été sérieusement entamé. Individuellement, ils ont souvent fait des efforts considérables pour répondre à ce qu'on leur disait être les attentes de leurs concitoyens québécois ou francophones.

Cela ne doit rien au hasard si cette transformation du pays fut opérée sous la direction d'un Québécois, Pierre Elliott Trudeau, dont le nationalisme avait été transféré sur le plan canadien. Le besoin du Québec, qu'a le pays pour exister, explique pourquoi le Canada anglais a finalement accepté des réformes impopulaires, et dont certains n'avaient pas manqué de souligner le manque parfois de réalisme.

M. Trudeau était vu par les Canadiens anglais comme le Québécois qui exprimait les aspirations véritables de sa province d'origine tout en étant canadien, comme le sauveur capable de conjurer le démon du «séparatisme». Cependant, il n'était pas représentatif de ses compatriotes québécois sur un point fondamental: sa fidélité première allait au Canada alors que la majorité des Québécois s'identifiaient d'abord au Québec, sans rejeter le Canada.

LE NATIONALISME DE TRUDEAU

Les nationalistes québécois furent souvent portés à sous-estimer, sinon à nier, le fait que l'ancien premier ministre canadien était avant tout un Québécois. Cette perception, bien compréhensible, tenait compte de la fidélité première de Pierre Elliott Trudeau au Canada et de ce qui en résulta pour le Québec. Tout son passé témoignait pourtant des racines québécoises d'un homme qui ne cachait pas qu'il aurait préféré être le citoyen dissident d'un Québec indépendant, plutôt que d'habiter un Canada dont le Québec ne ferait plus partie.

Par définition ou presque, l'identité québécoise comporte une part canadienne, plus ou moins importante, plus ou moins consciente. Dans le cas du chef du *French power*, ce contenu canadien était prédominant mais l'identité restait bien québécoise, comme le sentaient bien tous ces Québécois qui votaient pour M. Trudeau parce qu'«il est un des nôtres».

M. Trudeau n'était pas seulement un Québécois, il était aussi un nationaliste. Aussi étrange que cela puisse sembler au premier abord, il faut le situer dans la lignée des grands leaders nationalistes produits par le Québec depuis deux cents ans. Sur ce point, il se démarquait nettement de la plupart des Québécois qui firent carrière sur la scène politique fédérale, en se contentant d'être des gestionnaires compétents. Un bon exemple fut celui de Louis Saint-Laurent, le premier ministre du Canada dans les années 50, à la belle époque du fédéralisme coopératif.

Trudeau lui, était un nationaliste militant qui tenait mordicus à changer le Canada, en fonction de ce qu'il considérait être les besoins des Québécois. À cause de sa prestance, on le compare souvent à Laurier, cet autre premier ministre canadien-français, oubliant que celui-ci fut avant tout un pragmatique. Trudeau ressemble au moins autant à Henri Bourassa. Comme ce dernier, il fit preuve de ferveur obstinée pour *SA* vision du pays. Avec sa politique de bilinguisme, il réalisa à sa façon le vieux rêve bourassiste d'un Canada binational. Malheureusement, cela fut fait sur un plan superficiel, celui de l'image, et au détriment d'une réalité qui n'était plus principalement canadienne-française, mais québécoise.

La pensée politique de M. Trudeau était sous certains aspects majeurs décrochée de la réalité du Québec et du Canada de son temps. Cette pensée était marquée du sceau de cet idéalisme, qui, depuis la Conquête, a affecté les élites québécoises. Trudeau avait transposé à un niveau canadien son nationalisme de Québécois. Cela l'amena tout naturellement à s'opposer à un nationalisme québécois essentiellement centré, à compter de 1960, sur la Belle Province.

Trudeau, le théoricien, se voulait anti-nationaliste par principe. L'action politique révéla pourtant un homme d'État surtout préoccupé du renouvellement du nationalisme canadien, à partir d'éléments tirés du nationalisme québécois. Rétrospectivement, il est clair que les froides généralisations anti-nationalistes visaient à neutraliser la seule variété québécoise du phénomène. La relation de M. Trudeau avec le nationalisme québécois fut toujours de nature passionnelle. Son refus, parce que sans nuance, cachait mal qu'il était bien quelqu'un de la famille.

Sous le couvert d'arguments logiques s'appliquant en principe à tout le monde, une pensée politique est toujours marquée par des éléments subjectifs liés à la personnalité de celui qui l'élabore. Un bilingue parfait comme Trudeau accoucha donc d'un système où le bilinguisme prend parfois des allures de religion; un homme dont le père était francophone et la mère anglophone présenta — et présente encore — toute reconnaissance politique des effets de la spécificité québécoise comme un traumatisant éclatement de la famille canadienne.

LE RÉFÉRENDUM

Il est difficile de ne point faire de parallèle entre le nationalisme québécois qui prit son envol en 1960 et l'aventure de la nation canadienne des Patriotes, au début du siècle dernier. Les similarités entre les deux mouvements sont trop nombreuses pour être fortuites. Tout d'abord bien sûr, la même intensité, la même brièveté — une trentaine d'années. Les deux nationalismes présentèrent également le même caractère foncièrement nouveau, à la fine pointe des valeurs de leur époque respective: l'idéalisme généreux des années 60, dans le cas du nationalisme québécois; la soif universelle d'égalité et de liberté provoquée par la révolution française, en ce qui a trait au nationalisme canadien/patriote.

L'un et l'autre mouvements échouèrent dans leur tentative d'accéder à une plus grande autonomie. Dans les deux cas, les élites nationalistes se révélèrent incapables de jauger correctement le rapport des forces en présence; elles sous-estimèrent aussi les conséquences d'un échec. On avait besoin de considérer la Conquête comme un simple accident de parcours sur lequel il serait possible de revenir, sans voir les séquelles que l'événement avait laissées sur l'identité canadienne de 1830, sur l'identité québécoise de 1980. Fait révélateur: la population ne suivit suffisamment ni dans un cas ni dans l'autre.

À la suite de ces échecs, le système politique canadien fut réaménagé sur la négation du pouvoir politique découlant de la spécificité québécoise. Au XIXᵉ siècle, il faudra attendre la Confédération de 1867 pour qu'une partie des effets de l'Union de 1840 soient effacés. L'équivalent moderne aurait pu être un accord comme celui du lac Meech, revenant sur les effets les plus dangereux de la loi constitutionnelle de 1982.

Toute analogie a ses limites. L'une des différences entre le nationalisme canadien du XIXᵉ siècle et le nationalisme québécois moderne tient à ce que les Patriotes ne pouvaient tirer de leur passé aucune leçon susceptible de leur faire éviter l'échec. Une autre variation importante est que le manque d'appui de la population ne fut qu'une des raisons de l'échec de la rébellion en 1837, alors que c'est principalement l'insuffisance de l'appui populaire qui explique la défaite du Oui au référendum de 1980. Autrement dit, l'échec de 1837 était moins prévisible que celui de 1980, parce qu'il tenait davantage à des éléments qui échappaient au contrôle des Patriotes et qu'il était sans précédent.

Le grand handicap du nationalisme québécois aura été l'envers de ce qui faisait dans un premier temps sa force: son caractère neuf, sa volonté de rompre avec le passé — le passé canadien-français, le passé canadien —, sans avoir tiré au préalable les leçons des défaites d'antan. D'ailleurs, ce processus de mise au rancart prématurée d'événements émotivement pénibles continue, s'appliquant maintenant au référendum lui-même.

Il s'est agi pour beaucoup de Québécois d'un épisode très douloureux, que l'on n'a pas été capable d'intégrer: on est tout simplement passé à autre chose. Dix ans plus tard, non seulement n'y a-t-il eu aucun véritable bilan de cet échec monumental, mais cela fait même un peu retardé que d'y faire allusion.

Cette attitude est regrettable. Car, tant que n'auront pas été examinées sans complaisance les raisons qui expliquent les défaites passées, le Québec sera plus ou moins condamné à répéter les mêmes erreurs, à s'infliger souvent lui-même d'autres défaites qui, chaque fois, l'éloigneront encore plus du but visé. Il est malaisé de procéder à un tel bilan collectif et ce n'est pas sans raison si on a refusé jusqu'à présent d'affronter certaines réalités.

En ce qui a trait au référendum, on s'est contenté jusqu'à présent d'esquives. Une des plus fréquentes dans les milieux nationalistes a sans doute été de reprocher aux Québécois d'avoir voté Non à un référendum où ils auraient dû «normalement» voter Oui, où ils se seraient dits

Non à eux-mêmes. Une autre explication populaire fut de prétendre que le Oui aurait eu plus de chance de l'emporter si on avait posé plus franchement la question de l'indépendance et si le gouvernement du Parti québécois n'avait pas craint de faire la promotion de la souveraineté. D'autres ont reproché aux gens du fédéral d'être intervenus indûment dans la campagne référendaire. Tout le monde, ou presque, s'est entendu enfin pour dénoncer la façon honteuse dont M. Trudeau a détourné, avec l'appui tacite du Canada anglais, le sens du Non.

Certaines de ces réflexions faisaient ressortir des points qui n'étaient pas sans valeur. Par exemple, qu'à partir du moment où la tenue d'un référendum était décidé, il n'était pas très avisé pour les Québécois d'y voter Non, dans un Canada encore bâti sur la Conquête. On eut d'ailleurs droit à une nouvelle démonstration de cette réalité, quand le sens du Non référendaire fut aussitôt détourné de façon indigne.

Beaucoup de Québécois se sont sentis trahis quelque part lorsque le solennel «Je vous ai compris» d'avant le référendum s'est transformé en une réforme constitutionnelle qui diminuait les pouvoirs du seul gouvernement contrôlé par les francophones. Ce sentiment diffus mais profond que quelque chose de malhonnête s'est alors passée au détriment du Québec est sans doute une des raisons qui expliquent la désaffection actuelle des Québécois envers le Parti libéral fédéral.

La difficulté à intégrer émotivement l'événement en amena plusieurs à le mettre de côté, le déclarant désormais non pertinent. On prétexta pour ce faire de nouvelles réalités comme le pouvoir économique des Québécois, la mondialisation des cultures ou une administration fédérale plus ouverte. D'autres, tout en continuant de croire en l'importance d'un pouvoir politique québécois fort, dévaluèrent peu à peu le Non référendaire, accident de parcours qu'il serait éventuellement possible d'annuler par un autre référendum, pour réaliser l'indépendance.

Il est révélateur que l'idéal d'indépendance n'ait pratiquement jamais été remis en question, seulement reporté, mis entre parenthèses, suspendu, dépolitisé... C'est que la diversité des réactions cachait mal un commun dénominateur. On n'arrivait pas à affronter — et à dépasser — le fait que le référendum avait constitué pour le nationalisme québécois un échec objectif formidable, facilement comparable à la rébellion avortée de 1837. On ne voulait pas voir que, de la même façon qu'on ne pouvait empêcher 1837 d'avoir eu lieu, on ne pourrait revenir sur certaines conséquences du référendum.

C'est sans doute autour du mois de mai 1980 que le nationalisme québécois avait atteint son apogée, que sa force brute était la plus grande.

Le Parti québécois avait prouvé la compétence du pouvoir francophone dans la gestion des affaires de l'État. Dans une société privilégiée à l'échelle de l'univers, à celle du continent même, 40% des Québécois — un francophone sur deux — étaient disposés à prendre un vrai risque afin que l'identité québécoise obtienne la reconnaissance politique à laquelle elle avait droit. Tenant compte du rapport de force, tenant compte de la nature et du contenu de l'identité québécoise, c'était énorme.

Si les Québécois avaient été collectivement capables de négocier avec le reste du pays entre le 15 novembre 1976 et le 20 mai 1980, au moment où leur force était la plus grande...

Mais il y avait une partie de l'identité québécoise qui voulait désespérément croire que ça pouvait aller plus loin, que l'on pouvait remonter avant la Conquête, l'annuler en quelque sorte. L'exercice référendaire comportait quelque chose de profondément attirant, qui dispensait d'examiner froidement les chances de succès, de soupeser les conséquences d'un échec. C'était l'essence même de la souveraineté: la jouissance du droit à l'autodétermination.

Les descendants d'un peuple conquis par les armes, qui jamais ne s'étaient sentis totalement responsables d'eux-mêmes, se payaient pour une fois la satisfaction d'être pleinement souverains.

Mais il fallut tout de suite compter les voix: la force se transforma en faiblesse. Rapidement, l'on se rendit compte que dans la réalité le prix du rêve avait été énorme. En quelques semaines, en une nuit, on avait brûlé une trop grande partie de l'énergie accumulée depuis l'écrasement des Patriotes, 140 ans plus tôt. On avait misé de soi-même sur une bataille que l'on ne pouvait gagner.

Le nationalisme québécois avait trop perdu contact avec le passé canadien-français pour évaluer correctement la résonnance affective des mots Canada et Canadiens chez beaucoup de Québécois et de Québécoises. Ceux-ci avaient gardé, enfoui quelque part, le souvenir que les Canadiens, au départ c'étaient eux, et qu'ils l'étaient encore jusqu'à un certain point. La grande majorité de ces Québécois auraient préféré ne pas avoir à choisir.

Depuis 1980, le nationalisme québécois n'a pas pris suffisamment acte de ce que les Québécois ont souverainement exercé en 1980 leur droit à l'autodétermination et qu'ils ont choisi alors de demeurer au Canada. Déjà, en terme de pouvoir politique, la tenue même du référendum a coûté très cher. En privilégiant à nouveau le rêve, on s'expose maintenant à ce que ce soit l'interprétation déformée du Non, constitutionnalisée en 1982, qui l'emporte de façon définitive. On hypothèque l'avenir, quel qu'il soit, y compris une indépendance éventuelle.

Le fait que l'examen des causes de l'échec référendaire ait été systématiquement évité et que cet échec soit sous-estimé quand ce n'est pas carrément nié, ne présage rien de bon pour le nouveau nationalisme québécois qui est en train de se développer. On a rappelé certaines conséquences négatives de la fuite du nationalisme canadien-français dans le messianisme religieux, après la rébellion infructueuse de 1837. Il y a danger d'une répétition à certains égards du processus, à la suite de l'échec référendaire.

Certains signes font craindre que ne soit en train de se développer une variété moderne du nationalisme catholique et conservateur qui rendit les Canadiens français du XIXe siècle incapables de profiter des opportunités politiques qui leur furent redonnées après 1867. Car 1989, c'est un peu 1842: le Québec n'est même pas reconnu comme société distincte...

Mais les Franco-Américains d'aujourd'hui ne sont pas encore partis; on ne sait pas quels seront les nouveaux Ouest à conquérir. Et surtout, la société québécoise est là, bien vivante.

CHAPITRE 5

De la force de l'image
à l'image de la force

Le fier Québécois d'aujourd'hui, à qui l'on rappelle cette triste histoire, éprouve spontanément de la pitié pour les conquis de 1760. Il n'est pas certain que ce sentiment soit entièrement approprié.

Car les anciens Canadiens — la terreur des colons américains de l'époque — étaient d'une certaine façon plus puissants que ne le sont devenus leurs descendants. S'ils avaient l'air plus conquis que les Québécois, c'est peut-être parce qu'il leur importait moins de sauver la face.

Lorsqu'ils versent une larme sur le sort de leurs ancêtres, les Québécois pleurent un peu sans le savoir sur eux-mêmes.

LA SOCIÉTÉ DISTINCTE QUÉBÉCOISE

L'énergie que le Canada français d'avant la Révolution tranquille investissait dans les activités religieuses, la mission spirituelle qu'on s'était donnée après 1840 pour compenser le fait que le pouvoir réel nous échappait, se sont transformées autour de 1960 en un nationalisme politique, axé sur l'utilisation des pouvoirs du gouvernement du Québec. L'État prenait la succession de l'Église, comme le montrait bien le côté un peu «religion laïque» du nationalisme québécois.

L'un des effets majeurs de ce nationalisme étatique fut d'ouvrir aux Québécois francophones un secteur économique qui leur était resté fermé auparavant, avec des nuances qui importent peu ici. Le développement accéléré d'une fonction publique compétente, la création de grandes sociétés para-publiques à vocation économique comme Hydro-Québec ou la Caisse de dépôt, permirent à bon nombre des chevaliers du capitalisme québécois d'aujourd'hui de faire leurs classes.

La loi 101 enclencha un processus de francisation qui donna aux nouveaux entrepreneurs la base d'opération dont ils ne pouvaient se passer. Sur le territoire du Québec, le handicap traditionnel de leur identité québécoise et de leur qualité de francophone devenait un avantage face à leurs concurrents. L'entrepreneurship québécois dont on parle beaucoup depuis quelques années est un résultat direct du nationalisme québécois étatique; il n'aurait pu se développer sans une loi 101 dont l'un des effets marquants fut économique.

Le processus de francisation opéra à un niveau profond et dans de multiples domaines. C'est une erreur que de réduire ce processus à ses aspects linguistiques, et surtout à l'image française que s'est donné le Québec en 1977. Le phénomène national étant en son cœur psychologique, nul doute cependant que le fait que le Québec se soit vu comme exclusivement français depuis dix ans n'a pas manqué d'avoir des conséquences importantes sur l'identité québécoise.

Car, en ce siècle, le pouvoir de l'image est quelque chose de primordial. En particulier depuis la Seconde Guerre mondiale, c'est devenu un facteur-clef dans le processus de stucturation de nos sociétés. La capacité de projeter une image est porteuse de pouvoir politique, bien que ce pouvoir soit fragile quand l'image devient trop décalée par rapport à la réalité. Aux États-Unis, la présidence de Ronald Reagan a constitué récemment une bonne illustration de ces deux facettes du même phénomène.

Chacun peut constater qu'a pris son envol au Québec, ces trente dernières années, une société qui a renoué avec ses racines françaises, une société qui se voit et qui se veut française. Elle vit un peu comme si elle était indépendante, alors que son intégration structurelle au reste du pays s'est paradoxalement accentuée. Des intellectuels analysant leur identité québécoise parleront souvent de son américanité et de son lien avec les valeurs européennes; ils insisteront toujours sur son enracinement local. Mais ils ne diront à peu près rien du Canada, que le nationalisme québécois se refuse viscéralement à considérer.

C'est à croire, parfois, que les Québécois ont pu profiter des effets de l'indépendance, sans l'avoir faite. Une Québécoise installée en Californie dans les années 50 et revenant régulièrement dans sa province natale, résumait caricaturalement ces transformations par la formule suivante: «Vous êtes devenus des Français. Vous ne parlez plus comme on parlait, vous ne vivez plus comme on vivait. Quand j'écoute la radio au Québec, j'ai l'impression d'être en France.»

Que ce soit dans la façon de dire l'heure, dans la manière dont Provigo présente «le vrac» dans ses supermarchés, dans le goût en général, le Québec est plus français qu'avant. Dans d'innombrables détails de la vie courante, l'enveloppe psychologique de la loi 101 a permis aux Québécois de développer tout naturellement leur côté français, cette réalité qu'exprime mieux, et c'est paradoxal, le terme anglais de *Frenchness* que son équivalent français, francité. Ce dernier mot fait par trop ressortir l'aspect intellectuel d'un phénomène qui ne l'est finalement que très peu, car il affecte d'une façon ou d'une autre tous les milieux et toutes les classes sociales.

Par ailleurs, il ne faudrait pas confondre cette évolution avec un quelconque néo-colonialisme qui aurait été importé de France. Le caractère intrinsèquement majoritaire de l'identité québécoise moderne a simplement permis de développer quelque chose qui a toujours été là et qui fait de la société québécoise une société authentiquement française, et en même temps très différente de la société française européenne.

Cette évolution fut simplement encouragée par des contacts plus faciles et plus fréquents avec la France, qui depuis De Gaulle a réintégré la réalité québécoise dans sa sphère de préoccupations.

Les Québécois sont les descendants de Canadiens français qui eurent à supporter, pendant des générations, l'humiliation de se voir régulièrement contester leur caractère français et la capacité de parler la langue de leurs ancêtres. La civilisation française correspondait à l'un des sommets de l'humanité et l'universalisme des valeurs qu'elle véhiculait n'était pas compatible avec un statut de conquis.

L'une des conséquences les plus éprouvantes de 1760 fut sans conteste cette tentative de nier son caractère français à une identité vulnérable sur ce point: selon un processus psychologique classique, l'abandon de la France pouvait être vécu comme un rejet, parce qu'on était «nonfrançais». Pas étonnant que les Québécois d'aujourd'hui soient particulièrement fiers de leur nouvelle société française et de l'image qu'elle projette. Pas étonnant non plus qu'ils apprécient la reconnaissance par la France, à la fois de son caractère français et de sa spécificité.

Le film *Le Déclin de l'empire américain* mettait en vedette, non de simples individus, mais plutôt une tranche de la société québécoise. Cette production a bien démontré, par la facilité avec laquelle des intellectuels d'un grand nombre de pays se sont identifiés aux protagonistes du film, qu'existe au Québec une société américaine de langue française, qui partage plusieurs de ses valeurs avec le reste du monde occidental. En même temps, cela n'empêchait pas la société décrite dans le film d'être immanquablement québécoise, immédiatement reconnaissable, entre autres au niveau du ton.

L'une des réussites les plus notables du nationalisme québécois a été la diffusion très large du label «Québécois». Souvent écrit en français dans les autres langues, il véhicule au niveau international, auprès de ceux qui s'y connaissent, un contenu culturel bien précis, pas toujours flatteur d'ailleurs.

En 1977, les dispositions de la loi 101 imposant au Québec l'affichage public unilingue français surprirent la plupart des nationalistes, en plus de mettre le premier ministre René Lévesque mal à l'aise: la revendication traditionnelle à ce sujet allait davantage dans le sens du français obligatoire partout, du français prioritaire. Le premier moment de surprise passé, on défendit la prohibition de l'affichage en anglais, en soulignant que le message devait être non-équivoque si l'on voulait vraiment franciser le Québec.

Et effectivement, cette mesure de la loi 101 était à l'origine une manifestation de force, une utilisation du pouvoir de l'image pour renverser une situation où l'anglais dominait. C'était un moyen d'affirmer le côté foncièrement français du Québec. De toute façon, cela ne devait être que temporaire. Un Québec plus fort — un Québec indépendant — reconnaîtrait à l'anglais son statut historique de langue québécoise, en ayant moins la crainte que ce ne soit le premier pas vers le bilinguisme et l'assimilation.

Les Québécois francophones, pourtant au départ assez réticents à la restriction du droit des anglophones à afficher dans leur langue, s'attachèrent rapidement à ce nouveau visage français. Celui-ci comportait quelque chose d'éminemment valorisant et agréable pour l'identité québécoise. Puis, le référendum ayant été perdu, le temporaire est devenu permanent. Les dispositions de la loi 101 relativement à l'affichage unilingue français sont devenues peu à peu un substitut psychologique à une indépendance qui n'est pas venue.

Les pouvoirs du gouvernement du Québec ont été diminués en 1982. Non seulement la nouvelle société québécoise ne bénéficie d'aucune reconnaissance constitutionnelle, mais elle se heurte maintenant à une vision du pays qui lui est incompatible et qui elle, a été constitutionnalisée. Il est devenu par ailleurs courant, dans les milieux intellectuels, de mettre en doute la spécificité québécoise, en la réduisant à la seule langue française. Et surtout, on dirait que l'anglais s'infiltre partout.

«L'impensable» montre le vilain bout de son nez.

Pas étonnant qu'on ait besoin plus que jamais que le Québec soit français, qu'à tout le moins l'image du Québec reste exclusivement française. Ce qui avait été pour l'identité québécoise initialement l'utilisation de la force de l'image est en train de se transformer par moments en image de force, en maquillage d'une faiblesse. L'identité québécoise s'affaiblit, car elle perd contact avec cette partie d'elle-même qu'elle n'est plus capable de voir, parce qu'elle est incompatible avec l'image exclusivement française.

On a dit que les pouvoirs politiques rattachés à l'identité collective des anciens Canadiens leur venaient avant tout d'eux-mêmes, découlaient de leur force intrinsèque, après comme avant la Conquête. Mais les Canadiens de 1760 profitèrent aussi du pouvoir de ces Britanniques, qui avaient cru dans leur intérêt de s'identifier aux conquis. C'est à titre de Canadien que le gouverneur Murray transmit, avant de retourner à Londres, une partie de son pouvoir de conquérant à un Briand qui venait de se faire nommer évêque. Une part du fait anglais entrait

dans l'orbite des anciens Canadiens, attiré par une force d'enracinement et un pouvoir de séduction qui étaient considérables. Une douce
revanche, quand on y pense, des conquis sur leurs conquérants.

C'est devenu l'envers du «siphonnage» systématique de l'identité
québécoise par l'identité canadienne, dont nous avons parlé. Car le processus a continué, et il continue: dans toute l'histoire du Québec, il y
eut une fraction du fait anglais qui augmenta le pouvoir contrôlé par
les francophones. Du *French Party* du XVIIIe siècle aux jugements du
Conseil privé de Londres qui ont enrichi les pouvoirs, au départ modestes, du gouvernement québécois.

Après 1960, le nationalisme québécois s'est donc développé à partir de l'action politique d'un gouvernement qui devait une partie non-
négligeable de ses compétences à l'interprétation d'un tribunal britannique. Et cela, sans tenir compte de ces nationalistes qui trouvèrent au
sein d'institutions fédérales, à la fin des années 50, la liberté intellec-
tuelle qui leur manquait dans le Québec de Duplessis. C'est à Radio-
Canada, comme animateur de *Point de mire*, que René Lévesque se
fit d'abord connaître.

Même si la population québécoise était entièrement de langue française, même si le Québec accédait à l'indépendance, l'identité québécoise garderait cette partie constitutive anglaise, cette partie canadienne
qui ne lui est pas étrangère. Combien de francophones unilingues n'ont-
ils pas été étonnés, lors d'un premier voyage en Europe, de se sentir
parfois plus à l'aise à Londres qu'à Paris? À cause de choses prosaï-
ques comme les œufs et le bacon au petit déjeuner, les salons-bars dans
les hôtels des petites villes, le ketchup. À cause de réflexes et de façons
d'être que les Québécois ont empruntés aux Anglais.

C'est l'envers du côté français dont on a parlé plus haut, mais l'identité québécoise en est moins fière. Au-delà de la reconnaissance de la
réalité proprement anglo-québécoise, le besoin qu'a la société québécoise de ne se voir que française aboutit à la négation d'une partie de
l'identité québécoise des francophones eux-mêmes. Par exemple, il en
est ainsi de ces velléités de «présidentialiser» à la française, de façon
artificielle, un système parlementaire remontant à 1791, et qui n'en est
pas moins profondément québécois parce qu'il est d'inspiration britannique.

Cela empêche également de profiter du pouvoir de ces non-
francophones qui contribuent à la spécificité de la société québécoise
et sont suceptibles de la renforcer. Le refus de reconnaître la communauté anglo-québécoise en tant que telle, le besoin de la considérer

comme une communauté culturelle parmi d'autres nie la réalité et ne tient pas compte de l'histoire. Mais surtout, cela fait basculer hors de la société québécoise un certain nombre d'anglophones qui étaient de précieux alliés du nationalisme québécois.

La situation des Anglo-Québécois avant la Révolution tranquille était tellement privilégiée que même aujourd'hui, après toutes les réformes du nationalisme québécois, ils jouissent encore de droits, d'institutions, de services qui feraient rougir d'envie à peu près n'importe quelle minorité au monde. Que ce soit devenu un cliché que de le répéter n'enlève rien à la vérité de cette constatation.

Par ailleurs, cette communauté jouit encore de privilèges qui tirent clairement leurs origines de la Conquête. Par exemple, le fait que la version anglaise des lois québécoises soit placée exactement sur le même pied que la version française: bilinguisme imposé par la constitution canadienne au plus haut niveau de l'État, bilinguisme institutionnel auquel le Québec ne peut déroger. Symbole qui parle...

Mais il y a une chose que la communauté anglo-québécoise a perdue et qu'elle devrait retrouver du Québec, dans un Canada qui ne serait plus basé sur la Conquête: la reconnaissance. La reconnaissance qu'elle est là, qu'elle a sa place, même si ce ne peut être sur un pied d'égalité avec la majorité francophone. Même les Anglo-Québécois les plus sympathiques au nationalisme québécois ont beaucoup de mal à admettre qu'on ne reconnaisse pas leur langue, leur contribution. C'est particulièrement vrai s'ils sont Québécois de souche.

De plus en plus, ces Anglo-Québécois auront vraisemblablement tendance à s'identifier dans l'avenir comme simplement Canadiens, en opposition — dans le sens fort du terme — à cette majorité de francophones qui s'identifient avant tout comme Québécois. Le Québec français ne peut qu'y perdre car cette communauté dispose d'appuis importants dans le reste du pays, au sein d'une majorité anglo-canadienne qui dispose de moyens puissants pour contrecarrer les justes aspirations du Québec.

Ce dysfonctionnement n'atteint pas que les anglophones proprement dits. Il touche aussi ces immigrants que la loi 101 a voulu intégrer au fait québécois, entre autres en leur imposant l'école française. Au sein des communautés culturelles, la plupart des jeunes apprennent maintenant le français; ils participent davantage que leurs aînés à la vie collective québécoise, écoutant par moments la télévision en français, lisant certains journaux, etc. Mais ils n'en continuent pas moins, dans pratiquement tous les cas, à apprendre et à utiliser l'anglais; et ils se sentent souvent plus canadiens que québécois. Même ceux qui deviennent très francisés sont, de façon générale, moins affectés par les séquelles psychologiques de la Conquête.

Il n'est que normal d'exiger des immigrants et des non-francophones en général, qu'ils apprennent le français et participent davantage à la vie québécoise. Il est cependant illusoire de leur demander de désapprendre l'anglais ou de se comporter comme les descendants des 63,000 conquis de 1760. C'est pourtant ce qu'on exige quelquefois d'eux, de façon implicite, pour les considérer véritablement membres de la société québécoise.

La réussite même de l'intégration des allophones à la société québécoise oblige les Québécois de souche à affronter la réalité de l'anglais que ces immigrants amènent avec eux. Le paradoxe est qu'il en résulte dans certains milieux francophones, plus de crainte de se faire assimiler aujourd'hui qu'à l'époque où les immigrants s'anglicisaient totalement. Comme si on était trop faible pour affronter les conséquences de son propre succès.

Pour l'identité québécoise, l'anglais est quelque chose de profondément ambivalent et perturbant: à la fois l'ami et l'ennemi, une partie de nous-mêmes qui nous rend plus fort et le conquérant qui veut notre peau. Mais pas de doute, l'anglais est là. Il n'est pas facile de distinguer entre Carleton, l'ami des anciens Canadiens, et la même personne qui, plus tard, sous le nom de Lord Dorchester, ne travailla que dans l'intérêt des Loyalistes. Cela peut être deux facettes du même individu, deux chroniqueurs du même journal: l'un ne veut, sous ses belles paroles, que prolonger la Conquête; l'autre ne comprend tout simplement pas pourquoi on refuse de le reconnaître comme membre de la société québécoise.

Dans certains cas d'ailleurs, le «mauvais anglais conquérant[1]» sera un francophone particulièrement colonisé. Et les «bons anglais» seront des Canadiens anglais unilingues, comme cet ami malgré lui des Québécois, l'ancien premier ministre du Manitoba, Sterling Lyon. C'est lui — et non le gouvernement du Québec — qui insista en 1981 pour que l'on insère dans la nouvelle Charte constitutionnelle des droits la fameuse clause «nonobstant». Sans le savoir, le politicien de Winnipeg aidait à construire le seul abri constitutionnel jusqu'à maintenant de la société québécoise.

On a dit qu'au niveau canadien le concept du multiculturalisme avait servi à éviter d'admettre les conséquences politiques de la spécificité québécoise, en essayant de réduire celle-ci à ses aspects ethniques. Il est révélateur que le Québec utilise le multiculturalisme dans un but analogue, pour reléguer la communauté anglo-québécoise au statut de communauté culturelle parmi d'autres. La difficulté de l'identité québécoise à reconnaître la partie anglaise constitutive d'elle-même est le répondant exact du refus du Canada de reconnaître politiquement une spécificité québécoise à laquelle il s'alimente.

Il semble bien que l'image exclusivement française du Québec est le dernier rempart qui empêche certaines séquelles non-réglées de la conquête de 1760 de faire surface dans l'identité québécoise moderne. Et ce n'est pas rien. L'apparition de l'anglais dans l'image projetée par le Québec ferait vivre aux descendants des anciens Canadiens certains aspects du traumatisme originel, escamotés au XVIIIe siècle à cause du caractère alors embryonnaire de l'identité collective des anciens Canadiens.

On sent bien depuis quelques années que la simple atténuation du visage français de la province est quelque chose d'explosif. Dès que ce visage semble menacé, l'angoisse monte. L'apparition de l'anglais provoquerait chez beaucoup de Québécois, et vraisemblablement chez plusieurs de ceux-là mêmes qui sont d'accord en principe pour que l'on permette d'afficher en anglais, des sentiments inattendus. La montée d'une peur jamais vraiment affrontée: «Voilà, ce qu'on a toujours craint — ''l'impensable'' — est finalement en train d'arriver.»

Il est important que les Anglo-Québécois soient conscients de cette réalité, de même que tous ces Canadiens pour lesquels la prohibition d'afficher en anglais est simplement une manifestation d'intolérance.

LE BILINGUISME SOUS L'IMAGE FRANÇAISE

Néanmoins, il est important que les Québécois soient conscients du prix qu'ils auront vraisemblablement à payer pour cette satisfaction psychologique incontestable qu'est la face exclusivement française du Québec. Déjà il est révélateur que le visage français étant devenu intouchable, le gouvernement ait opté pour son maintien intégral, s'ouvrant davantage au principe de la reconnaissance de la langue anglaise à l'intérieur des établissements commerciaux.

À trop mettre l'accent sur la façade, sur le contenant, on laisse le contenu devenir plus anglais et la réalité se «bilinguiser», en fait sinon en droit. Car les Anglo-Québécois — et certains francophones — vont avoir tout naturellement tendance à compenser la non-reconnaissance officielle de leur langue par plus d'anglais qu'il n'en eût normalement fallu à l'intérieur. Déjà, dans les jours qui suivirent la décision du Québec d'invoquer la clause nonobstant pour protéger le visage français du Québec, quand les ministres anglophones démissionnèrent avec émotion et fracas, il était impossible de ne pas voir l'importance inattendue que prenait dans la réalité la communauté anglophone, alors qu'on venait paradoxalement de lui refuser de se montrer. Comme si, moins on voulait voir le fait anglais, plus on lui donnait de la force.

Avec le temps, cela devrait normalement aboutir à un bilinguisme plus systématique, non pas dans l'affichage, mais bien dans la vie quotidienne. Or la «bilinguisation» d'une réalité québécoise qui a toujours été fondamentalement française représente le seul véritable danger. Dans le contexte québécois, placer les deux langues sur un pied d'égalité est le plus sûr garant de l'accélération du processus d'assimilation.

La réalité l'emporte à terme sur l'image. L'image unilingue française du Québec risque de ressembler avec le temps à l'image bilingue de l'aéroport de Calgary: un décor, des pancartes, qui ne réussissent pas à camoufler qu'on vous parlera anglais au comptoir, que les formules françaises ne sont pas disponibles, que la réalité est autre. Et un jour, peut-être, le courage manquera pour imposer une image unilingue française qui apparaîtra quelque peu ridicule à tous. À moins que ce ne soient les anglophones qui, d'eux-mêmes, ne demandent à la conserver, pour attirer les touristes.

La réalité québécoise, dans son essence française, renferme une part anglaise. Dans les années 70, le *French power* et le Parti québécois ont accrédité l'idée qu'il fallait choisir entre le bilinguisme français-anglais ou l'unilinguisme français. Les Québécois de l'an 2000 risquent donc de se retrouver avec la pire des deux options: le bilinguisme intégral sous la face unilingue française. Tout indique que, faute d'uniliguisme français total, la plupart des nationalistes préféreraient cela à l'autre solution: accepter de voir l'anglais qui est là, mais en le contrôlant.

Ce serait émotivement plus difficile: perdre un peu la face et affronter la vieille honte canadienne-française encore enfouie dans la fière identité québécoise. Ce serait savoir à l'avance qu'il y aurait des bavures et que des anglophones, à qui on donnerait un jour un pouce, exigeraient le lendemain une verge: le bilinguisme, le libre choix. Il y aurait peut-être plus de francophones qu'on ne le pense qui afficheraient «dans les deux langues» et qui sait? en anglais seulement. Ce serait ouvrir les vannes du barrage, en n'étant pas entièrement certain d'être capable de les refermer.

Ce serait affronter «l'impensable».

Il faudrait alors, comme Québécois, gérer le pouvoir tel qu'on l'a rarement fait, collectivement et individuellement. En mettant fermement le holà au moment opportun, malgré les protestations de tout le monde ou presque, nonobstant toutes les belles chartes. Il faudrait affirmer sans flancher, sous le regard désapprobateur de l'Anglais, le pouvoir légitime qui découle de la spécificité québécoise, devenir soi-même son conquérant.

En viendra-t-on un jour-là? Est-ce possible? Pour le moment en tout cas, c'est impensable.

LA SOCIÉTÉ QUÉBÉCOISE DANS LE CANADA

De façon lente mais régulière, le poids du Québec dans le Canada diminue depuis 25 ans. Alors que le Québec rassemblait au cours du premier siècle suivant la Confédération 30% de la population canadienne, ce pourcentage se situait en 1981 autour de 25%. Les pouvoirs du gouvernement québécois ont été par ailleurs amoindris par la réforme constitutionnelle de 1982.

Pourtant, plusieurs Canadiens et Québécois ne manqueront pas de contester la réalité de cette régression du Québec. Ils invoqueront bien sûr le dynamisme économique résultant du nouvel entrepreneurship québécois, qui fait l'envie du reste du pays. Ils souligneront que c'est devenu presque une règle de la politique canadienne que le premier ministre du pays soit originaire du Québec. Ils rappelleront enfin que le pouvoir politique de la province sur la scène nationale n'a jamais été plus grand que depuis l'élection de l'automne 1988.

C'est que des changements structuraux comme ceux de 1982, qui affectent la nature d'un pays, mettent du temps à produire effet. Mais c'est aussi parce que l'identité québécoise est souvent confondue ces temps-ci, au Québec comme dans le reste du Canada, avec son mécanisme de défense privilégié: l'image française.

Or d'un océan à l'autre, le Canada présente une image plus bilingue que jamais, alors que l'image officielle du Québec est, pour la première fois depuis 1760, exclusivement française. Si l'on s'en tient à l'image, non seulement le Québec est-il souverain mais encore a-t-il réussi à s'annexer partiellement le Canada. Cette impression est évidemment trompeuse car, tant au Canada qu'au Québec, l'un des principaux effets des réformes du *French power* et de la loi 101 a été de détacher le français de l'identité québécoise à laquelle cette langue était traditionnellement associée. Les Québécois ont perdu leur droit de propriété exclusif sur le français.

Il ne faut pas oublier non plus que l'image bilingue du pays n'est pas dénuée d'importance pour l'identité québécoise, qui reste en partie une identité canadienne occultée. Par le bilinguisme, on est reconnu dans tout le Canada comme français et sur un pied d'égalité avec l'anglais, alors qu'est encore enfouie quelque part la conviction d'avoir été rejeté par la France, le souvenir d'avoir été vaincu par les Anglais. Quand l'image du Canada bilingue s'effrite — ce qui est fréquent —, un sentiment douloureux affleure le plus souvent chez les Québécois.

À cause du dysfonctionnement résultant de la Conquête, ces besoins d'image ont été poussés très loin et dans des directions opposées. Un Québec exclusivement français, un reste du pays bilingue... Les Québécois apparaîtront à l'observateur superficiel, incohérents et déraisonnables. Il notera peut-être aussi que leurs besoins d'image sont disproportionnés par rapport à leur force. Mais, c'est justement parce que la perte de pouvoirs au profit du Canada fut importante que les besoins d'image des Québécois sont si forts.

Si elle est en lente régression, si elle est quelquefois surestimée, il n'y a pas de doute que la force du Québec dans le système reste majeure. Il en va de même de l'identité québécoise, dont le dynamisme continue de s'affirmer çà et là, dans de multiples sphères. Par exemple, on notait en 1988 une augmentation des cotes d'écoute de la télévision francophone, au détriment des stations anglophones. Alors que le bilinguisme au niveau individuel progresse et que le développement de la câblodistribution rend davantage accessible sur tout le territoire la télévision de langue anglaise, on considérait pourtant inévitable l'augmentation des cotes d'écoutes des stations anglophones.

C'est de façon paradoxale cette vitalité qui fait problème, quand s'accentue l'intégration du Québec au sein d'un Canada qui ne reconnaît pas le moteur même de cette force, la spécificité québécoise. Plus que jamais, la dynamique de confrontation héritée de l'ère Trudeau-Lévesque est là, incrustée, au cœur des identités canadienne et québécoise.

CHAPITRE 6

L'assimilation

Si vous allez aujourd'hui à Lowell, une ville de taille moyenne comme tant d'autres près de Boston, tenez vous pour chanceux si vous tombez sur quelqu'un qui parle encore français du côté de Centralville. C'est là que «Ti-Jean» Kerouac, qui à l'âge de sept ans en était déjà à son sixième déménagement, commença dans les années 20 sa tragique destinée de Franco-Américain errant.

Les rues s'appellent toujours Beaulieu ou Boisvert; «École Saint-Louis» est encore gravé, en grosses lettres, dans la pierre du *High School* local. Les Franco-Américains de Lowell s'installaient à Centralville, quand ils étaient assez riches pour quitter *Little Canada*, de l'autre côté de la rivière Merrimack.

Là-bas, entre la gare et les manufactures, les Canadiens français qui descendaient du train de Montréal bâtirent dès 1880 ce qu'ils appelèrent affectueusement leur Petit Canada. Entassés sur un mille carré, dans des maisons-appartements de cinq ou six étages qui s'étiraient souvent sur toute la longueur d'un quadrilatère, ils vécurent entre eux pendant des décennies, en français, lisant leurs journaux et se racontant les vieilles histoires du Canada d'en haut.

À cet endroit de Lowell, il n'y a plus aujourd'hui qu'un grand terrain vague. Une plaque commémorative dit le sanglot étouffé de ceux qui étaient là, dans les années 60, quand les bulldozers abattirent au nom de la rénovation urbaine les derniers *Tenement Buildings* : «Nous n'oublierons jamais votre...»

À la même époque, le mal de vivre et l'alcool eurent finalement raison de Jack Kerouac, devenu un grand écrivain américain.

La grande église Saint-Jean Baptiste du Petit Canada de Lowell est toujours debout, «lourde cathédrale de Chartres des taudis[1]», comme la surnomma un jour Kerouac. Les nouveaux paroissiens parlent espagnol. Juste à côté, rue Market, singulière apparition: sur le mur d'un édifice, une immense fresque montre la ville de Québec, comme on peut la voir en prenant le traversier pour Lévis. Avec, en dessous d'un château Frontenac de rêve, cette inscription: «Bonjour! *It's warmer in* Québec.»

C'est ce qui reste, semble-t-il, des Franco-Américains de Lowell. L'ombre du grand Jack, bien sûr. Et le souvenir, quelque part, que c'était plus chaud au Québec.

LES FRANCO-AMÉRICAINS

Ce n'est pas une simple coïncidence si les Franco-Américains ont fait irruption depuis peu dans la conscience collective québécoise. Le cinéma s'en est emparé, qui en a fait une saga grand public; de jeunes rockers écrivent de belles chansons sur le grand Jack. Après la rupture de 1960, c'est comme si on avait besoin de se souvenir que les Franco-Américains faisaient partie de la famille. On a peur que ce qui leur arriva n'arrive aussi aux Québécois, que le Canada d'en haut ne suive le Canada d'en bas dans le grand entonnoir.

L'assimilation: l'envers de «la survivance». C'est la grande peur, plus présente que jamais, au cœur de l'identité québécoise. Si l'on est un peu informé sur le sujet, il est facile de comprendre la crainte des Québécois de se faire assimiler, car elle repose sur des bases réelles. Le Canada anglais et le continent nord-américain sont remplis d'anciens Canadiens français qui ne parlent plus le français; ils constituent près de la moitié des descendants des anciens Canadiens du XVIIIe siècle.

Beaucoup de Canadiens, beaucoup d'Anglo-Québécois sympathiseront sincèrement avec les francophones à ce sujet. Mais il leur sera impossible de ressentir cette incrédulité, ce refus, cette colère — ce début de haine parfois — du Québécois qui croit qu'on lui conteste le seul endroit au monde où il soit véritablement chez lui, qu'on lui annonce sa disparition. Il ne suffit quelquefois que d'une affiche en anglais seulement.

C'est la version sans cesse renouvelée de «l'impensable», le trop-plein refoulé d'émotion que se sont transmis de père en fils les descendants des conquis de 1760. Plusieurs analyses du problème québécois, irréprochables au niveau des faits, ratent l'essentiel parce qu'elles sous-estiment ce facteur émotionnel incontournable.

On peut prétendre que le processus d'assimilation a commencé sur le plan psychologique dès la Conquête, pour s'accentuer avec l'Union,

après 1840. Au XIXe siècle, si elles voulaient percer sur la scène fédérale, les élites canadiennes-françaises devaient courber l'échine. Laurier alla jusqu'à dire en 1886, dans un discours à Toronto: «Je suis bien
conscient de ce que ce pays sera de langue anglaise, ce qu'aucune personne sensée ne niera[2].»

Le premier affaiblissement de la dualité canadienne se produisit
dans les années 1880, lorsque le caractère anglais de l'Ouest devint irrémédiable. Sur le moment, cela n'apporta pas grand changement pour
une population francophone très majoritairement concentrée au Québec. Il est cependant clair aujourd'hui que la dynamique du pays devait
en être profondément modifiée. Cela condamnait à une assimilation lente
mais inéluctable tous les francophones canadiens qui ne vivraient pas
au Québec ou dans les territoires limitrophes. La situation aurait été
évidemment bien différente si le Québec n'avait pas été l'unique province contrôlée par des francophones; l'idéal d'un Canada bilingue à
la Trudeau aurait eu davantage de signification.

Aujourd'hui, le processus d'assimilation progresse rapidement chez
les francophones hors-Québec qui n'habitent pas des parties de l'Ontario et du Nouveau-Brunswick adjacentes au Québec. Ils vivent le plus
souvent en anglais, malgré des efforts individuels admirables et en dépit
de la mythologie officielle canadienne. Le groupe acadien, historiquement différent de tous les autres groupes francophones du Canada, fait
véritablement exception, en partie il est vrai parce que son territoire
est contigu à celui du Québec.

Ce qui frappe pourtant dans le siècle qui suivit la Confédération,
ce n'est pas l'assimilation des francophones mais au contraire que leur
proportion au Canada soit restée si stable, autour de 30% de la population. Et cela malgré que des centaines de milliers de Canadiens français se soient exilés aux États-Unis, pendant que le groupe anglais
recevait le renfort d'un nombre encore plus élevé d'immigrants euro-
péens, au début du XXe siècle.

Ces vingt-cinq dernières années, on a fait fréquemment des gor-
ges chaudes au Québec sur le taux de natalité exceptionnellement élevé
des Canadiens français du temps, le plus élevé a-t-on dit de toute l'histoire de la race blanche. C'était pourtant là une formidable manifestation de la vitalité de l'identité canadienne-française. Elle ne réussit
toutefois qu'à maintenir la position des francophones au pays, car
l'hémorragie était commencée.

Au cours du premier siècle qui suivit la Confédération, l'événement-
clef concernant l'assimilation des francophones ne se passa pas au Canada

mais bien aux États-Unis. Les Canadiens français partis gagner leur vie au sud immigraient dans un pays où ils n'auraient aucun droit politique collectif et où ils seraient traités comme un groupe ethnique. Encore une fois, sur le moment, cela ne changea pas grand-chose. Jusqu'à un certain point, ce fut même vécu comme un avantage: l'aire territoriale canadienne-française s'agrandissait.

Car au début, les Franco-Américains firent mentir les prévisions des pessimistes: ils continuèrent à parler français, à se sentir Canadiens français beaucoup plus longtemps que prévu. Au Canada d'en haut du Québec s'était ajouté le Canada d'en bas de la Nouvelle-Angleterre. La petite histoire de l'époque abonde de ces Canadiens français faisant la navette entre les deux Canada pour étudier, pour travailler ou juste visiter la parenté. Honoré Beaugrand, deux fois maire de Montréal dans les années 1880, avait précédemment vécu plusieurs années à Falls Rivers, dans le Massachusetts. Calixa Lavallée, le compositeur du «Ô Canada», finira ses jours à Boston.

On crut un moment, devant la volonté maintes fois affirmée des Franco-Américains de conserver leur identité, devant leur émouvante fidélité à leurs racines, que le Canada d'en bas avait un avenir. Quelques-uns allèrent jusqu'à rêver de la francisation d'un ou deux États américains et de l'annexion au Québec d'une partie de la Nouvelle-Angleterre.

Ce n'est qu'après la Première Guerre mondiale que le caractère inéluctable de l'assimilation des Francos commencera à devenir évident. Le coup de grâce sera donné par les bouleversements sociaux causés par la Seconde Guerre mondiale. Cela affaiblira particulièrement les structures paroissiales, qui avaient assuré la survie de la société franco-américaine pendant quatre-vingts ans. Dans les années 60, il y eut aux États-Unis une revalorisation des identités ethniques, qui affecta les Américains d'origine canadienne-française. On ne peut plus parler cependant de société franco-américaine.

L'HÉRITAGE FRANCO-AMÉRICAIN

Il y avait dans la vieille identité canadienne-française un enracinement et une ténacité qui la différenciaient grandement de l'identité ethnique. Malheureusement, cela a joué contre les Franco-Américains, car dans le contexte américain ils ne pouvaient être traités que comme les membres d'un groupe ethnique.

Ils se croyaient les fiers descendants des découvreurs du continent; on leur fit vite savoir qu'ils n'étaient que des *Canucks* pas très débrouillards, mettant plus de temps que les autres à gravir les échelons du succès à l'américaine. C'est qu'il y avait en eux quelque chose qui les faisait résister davantage à l'assimilation que les autres immigrants avec lesquels ils étaient en compétition. Dans leur Petits Canada, les Franco-Américains restèrent longtemps des Québécois en exil.

Cette fidélité permettra au Québec d'en récupérer un bon nombre, environ la moitié de ceux qui partirent avant 1900. Mais cela rendit l'assimilation plus pénible pour ceux qui ne revinrent pas, laissant de mauvais souvenirs que les nouvelles générations préféreraient souvent oublier. Il y eut peu d'immigration française européenne vers la Nouvelle-Angleterre, avant tout des Canadiens français qui venaient gagner leur pain dans le textile. Pourtant, au recensement de 1980, 813,199 Américains de Nouvelle-Angleterre se disaient être d'origine française; seulement 269,190 — moins du quart du total — «avouaient» être de descendance canadienne-française[3].

Ce côté écorché vif de l'expérience franco-américaine[4] devrait porter à réfléchir ces Québécois qui sous-estiment les coûts humains d'une assimilation éventuelle. On peut facilement présenter celle-ci comme non seulement inévitable, mais désirable, si on oublie ce fait crucial: dépassé un certain stade, les aspects non ethniques de l'identité collective des Québécois se retourneraient implacablement contre eux. On peut se demander d'ailleurs si le processus n'est pas déjà amorcé.

Il serait cependant dommage que les Québécois ne retiennent de l'aventure franco-américaine, comme cela semble être le cas, qu'une peur encore plus viscérale de se faire assimiler et la nécessité de lutter, encore et encore, pour leur survie. L'histoire du Canada français foisonne de ces appels chargés d'émotion qui n'ont malheureusement pas empêché grand-chose. Ne serait-ce que pour que la triste destinée des cousins franco-américains n'ait pas été vaine, il faut retenir la vraie leçon, si durement payée. La bonne volonté, l'enthousiasme, le bon droit même, ne suffisent pas; graver le français dans la pierre de Lowell ou d'ailleurs est futile, quand on ne contrôle plus le pouvoir politique.

Il est révélateur que dans un premier temps, et dans le cas des Franco-Américains et dans celui des francophones hors-Québec, il y eut perte de pouvoir politique de grands pans de l'ancienne nation canadienne-française. C'était le prérequis à une assimilation qui, sur le coup, n'eut rien d'évident. Plus tard, sur le plan individuel, elle sera souvent combattue avec l'énergie du désespoir.

Pas étonnant que la tendance de l'identité québécoise à perdre une partie du pouvoir qui découle de sa spécificité soit son véritable problème au plan politique. La diminution en 1982 des pouvoirs du seul gouvernement contrôlé par les francophones, à la suite de l'action des Québécois eux-mêmes, ne peut que laisser songeur. Dans le même esprit, la sous-estimation par les élites nationalistes des enjeux de l'Accord du lac Meech de même que la priorité accordée à l'image française aux dépens des pouvoirs rattachés à l'identité québécoise, sont les signes d'un inquiétant manque de lucidité et de clairvoyance.

L'aventure franco-américaine devrait aussi mettre en garde contre les mythologies officielles, qui ne résistent pas à l'épreuve des faits. Le Canada bilingue de St. John's à Whitehorse est un rêve; le Québec totalement français de la loi 101 est une image. Ce qui reste indéniable par contre, c'est qu'en autant qu'ils étaient regroupés sur un territoire, qu'ils contrôlaient un gouvernement, des institutions et des entreprises, les descendants des Canadiens de 1760 ont survécu.

Il serait tout aussi mauvais de sombrer dans l'autre extrême, en ne réalisant pas que la situation des Québécois diffère de celle des Franco-Américains. Fortement enracinés dans un territoire où ils forment la grande majorité de la population, les Québécois contrôlent un gouvernement aux pouvoirs importants. Le français bénéficie d'une reconnaissance constitutionnelle au niveau canadien. Les Québécois ont la force de ceux qui sont chez eux. Même dans les hypothèses les plus pessimistes, ils ne pourraient être traités, sous certains aspects majeurs, comme les membres d'un groupe ethnique.

Mais il ne faudrait se tromper ni d'époque ni de guerre. Le phénomène québécois est un cas unique, entre la nation à part entière et le groupe ethnique. Alors que le nationalisme québécois moderne poussait dans le sens de la nation, la formidable dynamique nord-américaine joue maintenant dans le sens de l'ethnicité. On ne souffle pas mot de la société distincte québécoise dans une constitution canadienne qui vante solennellement les vertus du multiculturalisme, c'est-à-dire de l'ethnicité. En Amérique du Nord où le droit a remplacé la guerre, les règles constitutionnelles représentent le pouvoir ultime. Elles ont un effet stucturant très fort sur les sociétés qu'elles régissent.

Enfin, l'expérience des Francos devrait servir de leçon aux Québécois sur le mirage américain. Il est révélateur que les Canadiens français qui émigrèrent aux États-Unis aient été assimilés de façon beaucoup plus complète que ceux, pourtant moins nombreux et plus dispersés, qui optèrent pour le reste du Canada. C'est que l'identité américaine est autrement plus vigoureuse que l'identité canadienne-anglaise, ou l'identité canadienne tout court. Il n'y a jamais eu d'équivalent canadien au rêve américain, à cet *American Dream* qui touche, en cette fin de millénaire, un peu tous les habitants de la planète.

Spontanément, les Québécois se sentent fréquemment plus à l'aise aux États-Unis qu'au Canada anglais. Chargé d'émotion, le refus par le nationalisme québécois d'un Canada toujours bâti sur la Conquête est éminemment compréhensible. Il n'en comporte pas moins un élément proprement suicidaire lorsqu'il est accompagné d'une américanophilie sans nuance.

Imaginons un moment ce que serait devenu le Québec si l'annexion aux États-Unis — l'ultime rêve de Papineau — s'était réalisée. On peut en avoir une petite idée dans l'ancienne colonie de langue française du Madawaska, divisée en deux parties égales entre le Nouveau-Brunswick et le Maine, dans les années 1830. Un côté de la rivière devenait américain, alors que l'autre demeurait canadien.

À Edmundston, au Nouveau-Brunswick, le Québécois d'aujourd'hui s'étonnera de ce que l'affichage soit à peu près toujours bilingue, même si la population parle presque partout français. Cela rappellera aux plus âgés des mauvais souvenirs du «Québec canadien-français» d'autrefois. Juste de l'autre côté de la rivière, à Madawaska, Maine, le même Québécois se contentera de constater qu'il est aux États-Unis. L'affichage est anglais, tout le monde en public parle anglais; la vie est américaine. Le visiteur de passage repartira sans réaliser qu'il fût un temps où les francophones constituaient, des deux côtés de la rivière, la totalité d'une population qui reçut par la suite très peu d'immigrants.

L'histoire a amplement prouvé que l'identité québécoise bénéficiait du maintien d'un Canada politiquement opérationnel. Dans ce contexte, le récent appui des élites québécoises au libre-échange avec les États-Unis, qui contrastait avec les réticences d'une partie de la population, comportait quelque chose de suspect. Non pas en lui-même, mais bien parce qu'il était à peu près unanime et sans réserve.

Il semble bien que les inconvénients de tous genres, qui auraient résulté pour le Canada et le Québec du refus du libre-échange, auraient été plus coûteux que ceux qui découleront de la conclusion du traité canado-américain. Par ailleurs, l'entente devrait ouvrir des opportunités intéressantes au nouveau capitalisme québécois, en plus de permettre d'importantes ventes d'électricité aux Américains.

Il est inévitable cependant que le traité accentue le continentalisme nord-américain et qu'il ait des effets politiques. Il est naïf de croire alors,

comme on le répète à l'envi, que les Québécois, à cause de leur langue, en seront moins affectés que les autres Canadiens. Les effet seront
tout simplement autres, et pas forcément meilleurs, si l'on se souvient
de l'aventure des Franco-Américains.

On peut prétendre que, de façon plus ou moins conscient, la société
québécoise a été moins critique qu'elle ne l'aurait dû vis-à-vis du libre-
échange, parce que cela semblait un excellent moyen d'éviter un Canada
ne reconnaissant pas sa spécificité. «L'indépendance via le libre-échange»
ressemble trop à la funeste «indépendance à la carte» dont il sera question plus loin, pour ne pas s'inquiéter d'un autre éventuel marché de
dupes.

Le phénomène n'a pas touché que le nationalisme spécifiquement
politique; il a visiblement affecté le nouveau capitalisme québécois. Le
nationalisme, en se transférant dans le domaine économique, a conservé
certaines de ses caractéristiques premières, comme un certain irréalisme
quant aux conséquences à long terme de son action.

Cette question du libre-échange a bien montré comment les séquelles
de la Conquête affaiblissaient à la fois le Québec et le Canada. Aux
yeux de certains nationalistes canadiens-anglais, l'appui du Québec au
libre-échange prit des allures de trahison; cela en amena plusieurs à
reconsidérer leur appui à la reconnaissance de la société distincte québécoise. Ils furent déçus des Québécois, à la manière de Carleton qui
en 1776, s'étonnait que les anciens Canadiens, fraîchement conquis,
ne prennent pas les armes contre les envahisseurs américains.

On ne veut pas voir que cette insistance à prolonger les effets de
la Conquête, ce refus d'admettre les effets politiques naturels de la spécificité québécoise, alimentent l'aversion viscérale du nationalisme québécois à l'égard du Canada. Cela empêche ce nationalisme de reconnaître
sa communauté d'intérêts avec le nationalisme des anglophones et de
jouer son rôle de chien de garde des intérêts de l'identité québécoise...et
canadienne.

L'aboutissement théorique du processus signifierait la catastrophe
absolue pour les deux identités: l'annexion *de facto,* sinon *de jure,* aux
États-Unis.

LA FRONTIÈRE PSYCHOLOGIQUE

Mais au-delà de la peur que certains d'entre eux éprouvent de finir
comme les Franco-Américains, qu'est-ce qui menace les Québécois exac-

tement? Plus que la minorisation ou l'acculturation, plus que l'assimilation, l'épée de Damoclès qui plane sur l'identité québécoise a toutes les chances d'être la «folklorisation».

Le danger n'est plus vraiment celui de la minorisation des francophones à Montréal, comme on le craignit tant dans les années 60, quand l'anglicisation des Italiens de Saint-Léonard devint une des causes célèbres du nationalisme québécois. Tout porte à croire que le Québec, et ce même dans les hypothèses les plus pessimistes, restera massivement français; les francophones devraient maintenir leur position de majorité à Montréal et seraient même suceptibles de l'augmenter[5].

Cela contredit la crainte principale de plusieurs Québécois qui craignent encore qu'à Montréal l'immigration ne fasse basculer la balance linguistique au détriment des francophones. Il y a évidemment l'angoisse bien compréhensible engendrée par le faible taux de natalité des francophones. Par ailleurs, le traitement spectaculaire par les médias du problème des réfugiés donne, par moments, l'impression que la province subit une invasion de l'étranger.

On oublie alors que, si le taux de natalité est bas, le niveau global de l'immigration est, lui aussi, historiquement faible par rapport à d'autres périodes comme les années qui suivirent la Deuxième Guerre mondiale. On ne tient pas compte non plus de l'impact des migrations interprovinciales, qui favorisent les francophones, ceux-ci ayant moins tendance à quitter le Québec que les anglophones. Mais surtout joue un phénomène déjà évoqué: les francophones montréalais sont plus en contact qu'autrefois avec les immigrants, depuis que la loi 101 veut intégrer ces derniers à la majorité. Cela augmente le sentiment d'insécurité.

Qu'en est-il de la bête noire de certains intellectuels québécois, l'acculturation? C'est un processus par lequel un groupe humain assimile une partie des valeurs culturelles d'un autre groupe humain. Nul doute que l'acculturation de l'identité québécoise au profit des valeurs du milieu nord-américain environnant est plus prononcée qu'au temps de l'ancienne identité canadienne-française. Certains s'inquiètent de l'ampleur de ce phénomène.

On est porté, en réaction, à considérer la langue française comme le seul véritable trait distinctif de l'identité québécoise. Le paradoxe est qu'en retour cela accentue le processus d'acculturation, la réalité québécoise devenant effectivement, dans certains cas, une réalité américaine simplement traduite en français. Il y a là un cercle vicieux: plus l'acculturation prend de l'ampleur, plus on réduit l'identité québécoise

à la langue française, ce qui augmente encore davantage l'acculturation et l'insécurité collective.

L'intégration par une culture de valeurs propres à une autre comporte des aspects agaçants, tout particulièrement pour les élites. Cependant, ce n'est pas le facteur déterminant quant à l'assimilation éventuelle
de cette culture. Au contraire, cela peut être une manifestation de dynamisme de la part de celle-ci, qui ne craint pas d'aller chercher ailleurs
ce qui lui manque chez elle, pour devenir — ou redevenir — compétitive.

C'est que — il s'agit là d'une notion fondamentale — une identité
nationale ou ethnique ne se définit pas par son contenu, mais bien par
sa frontière. Le contenu peut changer sensiblement sans que cette identité
n'en soit menacée. Une illustration de cette réalité est évidemment le
cas de l'Irlande. Il est inconcevable, dans l'optique d'un nationalisme
québécois exclusivement axé sur la langue, que ce pays se soit battu
farouchement, dans des conditions très pénibles, pour obtenir son indépendance de l'Angleterre, et ce après même que la langue nationale,
le gaélique, ait été remplacée par l'anglais. Par contre, le catholicisme
s'était maintenu en Irlande comme élément distinctif, alors que l'identité québécoise l'abandonna comme facteur d'identification dans les
années 60.

Le but n'est point ici de nier l'évidence, c'est-à-dire l'importance
du français pour l'identité québécoise. Mais il importe d'attirer l'attention sur l'erreur que l'on commet en confondant une identité avec l'un
de ses éléments, fût-il crucial ou prédominant. Le fait national est en
grande partie psychologique. Ce qui le définit, ce dont il a absolument
besoin pour se maintenir, ce n'est pas de tel ou tel contenu mais bien
d'une frontière psychologique entre les membres du groupe et ceux qui
n'en font pas partie. Entre «nous» et «les autres».

Or, il est clair que les Québécois n'ont pas perdu la faculté de dire
un «nous» chargé d'émotion. Non seulement la frontière psychologique de l'identité québécoise reste nette, mais elle s'accentue pour compenser entre autres les excès de l'acculturation. Le fait québécois
moderne se voit plus séparé de son environnement que ce ne l'était le
cas jadis de l'identité canadienne-française. Par définition, l'identité québécoise se veut majoritaire, alors que l'identité canadienne-française
vivait à l'aise dans un environnement où elle était minoritaire, que ce
soit aux États-Unis, dans le reste du Canada ou même au Québec.

Spontanément, le Québécois d'aujourd'hui éprouvera de la sympa-
thie pour les francophones hors-Québec. Cependant, il va de soi pour
lui que ces derniers vivent au Canada anglais et ne font plus partie de

son univers devenu, depuis la Révolution tranquille, principalement québécois. De cette séparation ont découlé des différences importantes entre les deux groupes, comme le fait que le catholicisme soit resté un élément d'identification pour les francophones hors-Québec, ce qui n'est plus vraiment le cas pour les Québécois. Par ailleurs, les Anglo-Québécois font maintenant partie intégrante de l'univers québécois, la preuve en étant que certains nationalistes désirent les franciser, ce qui aurait paru incongru aux Canadiens français d'autrefois.

C'est cet aspect «frontière» qui explique que la langue française ait pris une telle importance pour l'identité québécoise. Elle l'a fait, moins en tant que principal élément constitutif de cette identité, que comme contenant, véhicule, que comme symbole. Le régime linguistique, l'image française servent à marquer le territoire et à tracer la frontière dont l'identité québécoise a besoin pour maintenir son intégrité.

Rien ne stimule davantage une identité nationale que l'adversité. Menacée, cette identité aura pour priorité absolue de maintenir sa frontière, s'appuyant parfois pour ce faire de façon presque exclusive sur un de ses éléments constitutifs, pendant qu'elle cherchera d'autres éléments qui lui permettront de se donner une frontière plus solide. C'est peut-être ce qui passe avec l'identité québécoise, à la suite de l'échec de la tentative pour accéder à l'indépendance et à défaut d'une reconnaissance des effets politiques d'une spécificité qui, certes, inclut le français, mais est plus large.

Un concept comme celui de «société distincte», à condition qu'il génère des effets politiques, fortifierait une identité québécoise obligée à ne compter, pour l'heure, que sur la seule langue française, ou plutôt sur un élément fragile entre tous, l'image française. Il est à noter que le français, l'élément de loin le plus important de la spécificité québécoise, sortirait vraisemblablement renforcé du processus, dans la vie réelle sinon dans l'image.

On peut malheureusement douter qu'une telle transformation puisse se faire sans heurt. C'est qu'indépendamment de l'aspect «frontière», il existe un autre facteur qui explique pourquoi l'aspect linguistique a pris quasiment toute la place de l'identité québécoise consciente. La projection d'une image uniquement française se veut aussi une indépendance de substitution, une façon de sauver la face à la suite de la perte de pouvoirs découlant de l'échec référendaire. Joint à l'image bilingue du Canada, cela protège l'ego québécois, de plus en plus imparfaitement, de la prise de conscience de certains effets permanents de la Conquête.

Notons incidemment qu'il existe une distinction entre les deux mécanismes. Pour qu'il y ait frontière, il faut que le régime linguistique soit différent au Québec de ce qu'il est dans le reste du Canada, la prédominance systématique du français sans prohibition de l'anglais, par exemple. Il en va autrement du rôle de protection contre le traumatisme de la Conquête. Celui-ci nécessite que l'image du Québec soit exclusivement française et que l'image du reste du pays soit bilingue.

Il reste une grande inconnue, qui rend difficile de prévoir ce qui arrivera. C'est le caractère tout à fait unique de l'identité québécoise, entre la nation à part entière et le groupe ethnique. Il s'est effectué une multitude de recherches sur l'un ou l'autre thème; on peut appliquer à la réalité québécoise un certain nombre de concepts qui leur sont reliés. Mais invariablement, vient un moment où plus rien ne fonctionne.

On touche alors à la solitude du Québec face à son destin. C'est là son drame, c'est là sa noblesse. C'est là également sa chance.

L'INTÉGRATION STRUCTURELLE

Le Québec est resté français, mais son poids dans le Canada diminue; il s'est laissé confisquer par le reste du pays une partie du pouvoir découlant de son énergie nationaliste des années 1960-80. Ce qui est moins visible mais plus dangereux que l'acculturation, c'est une des conséquences de la perte de pouvoir politique: l'accentuation de l'intégration structurelle du Québec au sein du Canada. C'est un facteur objectif d'assimilation, car il s'attaque à la frontière dont une identité nationale a besoin pour survivre.

Or, sous l'image française du Québec, sous l'image bilingue du Canada, le pouvoir économique se concentre davantage à Toronto, alors qu'une partie du pouvoir politique a été transférée au Canada anglais. Cela signifie l'insertion d'un plus grand nombre de francophones dans des réseaux où le pouvoir relève de l'identité canadienne, où le progrès et l'avancement se font en anglais. Une nouvelle dynamique se met en branle.

Les Québécois francophones ambitieux lorgnent maintenant vers Toronto, Ottawa ou le Canada anglais en général. Ces transferts, prévus comme temporaires au départ, seront de beaucoup facilités par l'infrastructure bilingue léguée par le *French power*. Celle-ci convainc qu'en dehors du Québec et des zones limitrophes l'assimilation à terme n'est pas inévitable. Cela est vrai sur le plan individuel, mais inexact sur le plan collectif.

Ces Québécois francophones qui vivront au Canada anglais, là où le pouvoir est concentré, maintiendront des contacts fréquents avec le Québec, pour des raisons professionnelles et personnelles. Avec le temps, ils en viendront tout naturellement à adopter, à l'égard des aspects distinctifs de la société québécoise, certaines des attitudes du milieu dans lequel ils évoluent. Les valeurs de la fraction québécoise du système étant hiérarchiquement inférieures, ce sont les valeurs canadiennes, c'est-à-dire les valeurs principalement canadiennes-anglaises, qui seront véhiculées par les têtes des réseaux dont il est question plus haut.

Au fil des années, ces perceptions ne manqueront pas de déteindre sur les Québécois travaillant au Québec pour ces réseaux. Selon un processus classique d'aliénation, la différence québécoise aura peu à peu tendance à être perçue par tous comme une disparité qu'il importe de corriger dans le contexte canadien, et ce pour le bien même des Québécois.

Cette dynamique sera indépendante des qualités personnelles de ceux qui décideront d'aller dans les têtes de réseau, non seulement par légitime ambition personnelle, mais parce que convaincus que c'est la meilleure façon d'aider un Québec auquel ils sont attachés. Et de fait, leur province natale ne sera pas mieux servie s'ils restent impuissants chez eux, pendant que des non-Québécois exercent le pouvoir disponible.

Ces Québécois démontreront souvent compétence et efficacité dans leurs différentes sphères d'activité. Cependant, en regard de la dynamique Canada-Québec, leur action n'aura d'effet positif que dans la mesure où ils aideront à la reconnaissance des conséquences politiques de la spécificité québécoise, que ce soit au plan individuel ou au plan collectif. Cela n'ira pas de soi. Entre autres, parce qu'on doit s'attendre à ce que d'anciens nationalistes québécois s'avèrent à ce jeu les plus implacables pourfendeurs de l'identité québécoise. Inconsciemment ou non, ils transféreront leur nationalisme à un niveau canadien. Comme l'inventeur du système, Pierre Elliott Trudeau, qui a imposé sa loi.

La plupart de ces exilés temporaires reviendront au Québec; certains ramèneront dans leurs bagages la vision d'une identité québécoise touchante mais dépassée. D'autres de ces anciens Québécois de talent resteront vraisemblablement au Canada anglais. Leurs enfants deviendront des Ontariens parfaitement bilingues; les mariages mixtes aidant, la majorité de leurs petits-enfants parleront le français comme une langue seconde.

Plus que la minorisation, l'acculturation ou l'assimilation, le danger qui menace l'identité québécoise réside dans la «folklorisation». Cela pourrait s'accompagner d'une progression de l'assimilation, sans cependant que la proportion des francophones ne diminue sensiblement, ni au Québec ni à Montréal. Le processus affecte encore peu une identité québécoise pour l'heure très moderne, héritage de la Révolution tranquille. Mais la nouvelle dynamique ne fait que se mettre en branle.

Malheureusement, les Québécois se méfient peu de l'intégration structurelle et de la perte de pouvoirs associés à leur identité collective. Le plus souvent, ils n'en sont pas vraiment conscients. Par contre, on a très peur de la disparition du français. Et on a l'impression que la moindre brèche dans le visage français du Québec correspond à une perte de pouvoir de l'identité québécoise.

Le Québec conserve heureusement quelques bonnes cartes dans une partie qui n'est pas entièrement jouée. Il a les moyens de revenir sur une part de l'intégration qui devrait normalement découler de la défaite référendaire de 1980 et des changements constitutionnels de 1982. Sur le plan politique, il a récupéré une fraction du pouvoir perdu, dans la foulée du jugement de la Cour suprême sur la loi 101, qui facilite l'utilisation de la clause «nonobstant». Fait majeur aussi, le Canada verra dans l'avenir se multiplier les inconvénients, s'il persiste à nier les conséquences politiques de la spécificité québécoise.

Enfin, le dynamisme du Québec est incontestable sur le plan économique, ce qui n'est pas sans répercussions dans maints domaines.

CHAPITRE 7

La gestion québécoise du pouvoir

LE NOUVEAU POUVOIR ÉCONOMIQUE

L'accentuation du bilinguisme institutionnel déjà existant et la mise du français et de l'anglais sur un pied d'égalité ne correspondent pas à une réalité québécoise qui a toujours été essentiellement française. Au surplus, dans le contexte géopolitique nord-américain, cela comporte un aspect quelque peu suicidaire.

À ce sujet, les comparaisons fréquemment faites avec certains pays d'Europe ne prennent pas en considération le caractère proprement unique du Québec: petite collectivité francophone au cœur d'un continent massivement anglophone, qui la pénètre profondément et dans tous les domaines. Il ne faudrait pas sous-estimer non plus la tendance de l'environnement nord-américain à réduire le phénomène québécois à ses seuls aspects ethniques.

Le bilinguisme sur le plan individuel d'une portion de la population québécoise est par ailleurs inévitable; il n'a, de toute façon, pas les mêmes implications que le bilinguisme institutionnel. Certaines communautés où deux langues sont utilisées peuvent rester stables pendant de longues périodes. Le cas même de Montréal l'a bien démontré par le passé: il n'y eut que peu d'assimilation de francophones dans la métropole québécoise, et ce malgré un niveau de bilinguisme élevé depuis longtemps[1].

Le principal critère pour juger du progrès de l'assimilation linguistique au sein d'une communauté où deux langues sont utilisées, celui qui nous apprend si l'on est en présence d'un transfert linguistique, c'est l'utilisation d'une langue dans un domaine où, auparavant, l'autre langue était utilisée. Dans le cas du Québec, selon le regard que l'on portera sur la même réalité, on jugera, en vertu de ce critère, que l'assimilation linguistique progresse ou que au contraire, l'identité québécoise — y compris sa partie prédominante française — prend de la force. Le verre est à demi-vide ou à moitié-plein, selon la soif du buveur: c'est bien connu.

L'énergie nationaliste, que le Canada français investissait autrefois dans les activités religieuses, s'exerce maintenant dans le domaine économique, l'action de l'État québécois ayant ouvert la voie à partir de la Révolution tranquille. Il y eut, dans les années 60, transfert du religieux au politique puis, dans les années 80, du politique à l'économique. Les Québécois qui œuvrent dans ce nouvel espace économique utilisent l'anglais, une part importante de leur marché étant canadienne-anglaise et américaine. Mais ils travaillent aussi en français, car ce sont des francophones et leur base d'opération est à l'origine québécoise.

C'est là que le diagnostic dépend du bout de la lorgnette par lequel on observe le phénomène. Les Québécois utilisent l'anglais et le français dans un secteur, l'économie, qui a remplacé au plan de l'identité les activités religieuses de leurs ancêtres canadiens-français. Ces dernières se vivaient pour l'essentiel en français seulement. Nul doute que sous cet angle, il y a progression de l'assimilation linguistique, passage de l'unilinguisme français au bilinguisme français-anglais.

Cependant, il faut préciser que ce n'est pas toute l'énergie autrefois investie dans les activités religieuses qui a été transférée à l'économie: une part considérable de cette énergie n'a pas cessé de s'exercer dans le domaine politique, depuis la Révolution tranquille. D'où la priorité de maintenir les pouvoirs du gouvernement du Québec et l'importance de faire reconnaître les effets politiques de la spécificité québécoise.

Mais surtout, il serait absurde d'oublier que la religion et l'économie constituent deux domaines différents. Or, dans le passé, le secteur économique restait pour l'essentiel fermé aux francophones: tout s'y passait en anglais. De plus, l'énergie investie jadis par les Canadiens français dans le messianisme religieux s'avéra malheureusement stérile politiquement. Pour la première fois, le champ économique est véritablement ouvert aux francophones, en partie dans leur langue. Sur le plan politique, cela devrait se révéler plus fécond que toute l'énergie investie en français seulement dans les idéaux religieux d'antan.

Cela n'implique pas de jugement négatif sur la valeur individuelle des idéaux religieux, quelquefois admirables, des Canadiens français d'autrefois. Il faut ajouter que l'activité missionnaire du Canada français ne fut pas totalement improductive au plan politique. Elle a laissé des schémas mentaux au Québec, des bons souvenirs dans certains pays du Tiers-Monde, dont profitent aujourd'hui les entrepreneurs québécois, particulièrement au sein de la francophonie. La mappemonde du nouveau capitalisme québécois présente de troublantes ressemblances avec la carte géographique des anciennes missions du Canada français.

On s'est grandement réjoui, au début des années 80, de l'éclosion d'un entrepreneurship québécois arrivant à point nommé pour compenser la perte de pouvoir du gouvernement qui avait ouvert la voie. L'enthousiasme, l'agressivité des nouveaux entrepreneurs suscita nombre d'espoirs au Québec et ne manqua pas de provoquer l'admiration, voire l'envie, dans le reste du pays. Il n'en fallut pas davantage à certains pour conclure que le nationalisme québécois agonisait. Le politique s'estompait. Désormais, c'était : «Place à l'économie!»

On oubliait alors cette évidence cent fois démontrée depuis deux siècles: le nationalisme est une donnée permanente de la vie collective et individuelle des Québécois, intimement liée à leur situation géopolitique en Amérique du Nord. Loin d'être l'apanage d'un parti politique ou d'une classe sociale, le phénomène affecte l'ensemble de la société québécoise, sous des formes variées et à des degrés divers. Il n'y aura plus de nationalisme au Québec quand il n'y aura plus de Québécois.

On reconnaît actuellement que l'énergie nationaliste québécoise avait été simplement transférée dans le domaine économique. C'est d'ailleurs une des raisons qui expliquent le dynamisme marqué, ces dernières années, de l'entrepreneurship francophone. Le branle-bas de combat du monde des affaires québécois, à l'annonce de l'éventuel déménagement du club de hockey les Nordiques de Québec, ne résultait pas de l'analyse de froids paramètres économiques, mais avait tout de la ferveur nationaliste la plus classique.

Les entrepreneurs québécois, conscients de la filiation du nouveau capitalisme francophone par rapport au nationalisme étatique, s'inquiètent de l'affaiblissement des pouvoirs du gouvernement québécois. Pour eux, il importe de préserver la marge de manœuvre de la Caisse de dépôt sur les marchés boursiers, de conserver la possibilité de décloisonner les institutions financières: des dossiers n'ayant rien à voir à priori avec le français, mais qui décideront pourtant de sa survie à long terme. La «coquille vide de la société distincte», les entrepreneurs québécois possèdent de quoi la remplir, mais encore faut-il qu'elle existe.

Force est de constater que les espoirs investis dans le nationalisme économique québécois ne sont pour l'heure que ça: des espoirs. Le problème de l'identité québécoise n'a jamais résidé dans l'absence de dynamisme ou d'enthousiasme. On a toujours été capable de gagner de bien belles batailles; le problème est que, plus souvent à son tour, on a perdu l'ultime combat, celui qui emportait la guerre.

Or, la véritable victoire pour le nationalisme québécois ne sera pas de bâtir, mais bien de garder à Montréal un pouvoir économique qui rayonnerait sur le reste du pays et du continent, tout en continuant de fonctionner de façon importante en français. Rien ne garantit qu'à partir d'un certain stade, le succès individuel des entrepreneurs québécois n'aboutira pas, par le jeu des prises de contrôle, au déménagement hors du Québec des figures de proue du nouveau capitalisme francophone et à la relégation du français à un rôle insignifiant au sein des compagnies qui resteront.

Ce ne serait pas la première fois que l'énergie nationaliste des Québécois aurait servi à autre chose qu'au développement de la société distincte à l'origine de cette force. Les succès économiques québécois ne doivent pas cacher que, dans le contexte nord-américain, on peut devenir à la fois millionnaire sur le plan individuel et membre d'un groupe ethnique en processus avancé d'assimilation.

Les entreprises ne resteront au Québec et elles ne continueront à fonctionner en français que si cela n'est pas un handicap, mais au contraire un avantage pour elles. Avec le temps, le risque s'amplifie de voir le nouveau pouvoir économique québécois se dissoudre dans l'environnement nord-américain, si le gouvernement ne dispose pas des moyens constitutionnels de veiller au développement économique et financier de la société distincte québécoise.

Au-delà de cet aspect constitutionnel, ce qui fera la différence, c'est la gestion du pouvoir au bénéfice de leur collectivité que feront les entrepreneurs québécois. Évidemment, cela vaudra dans la mesure où ils ne se satisferont pas de *power trips* individuels, mais se reconnaîtront des responsabilités à l'égard de la société québécoise qui les a formés en son sein. Pour le moment, ce n'est pas vraiment ce qui fait problème: la plupart du temps, le sentiment d'appartenance au Québec de ce nouveau capitalisme francophone va encore de soi: c'est en lui que l'on retrouve ces temps-ci ce qu'il y a de plus vigoureux dans le nationalisme québécois.

Le pouvoir économique reste cependant un pouvoir, avec ce que cela comporte comme risque de dérapage pour l'identité québécoise. Déjà, on l'a dit, certains signes ne manquent pas d'inquiéter, qui laissent à penser que le nouveau capitalisme n'est pas suffisamment réaliste quant aux conséquences à long terme de ses actions pour le Québec.

Les entrepreneurs québécois ne surestiment-ils pas leur aptitude à sauvegarder l'essentiel, c'est-à-dire le contrôle du pouvoir, dans un environnement américain où les politiques gouvernementales ne les favoriseront pas systématiquement, comme au Québec depuis vingt ans? N'a-t-on pas tendance également à dédaigner un peu vite le marché canadien, à ne pas profiter au maximum du fait que, en territoire canadien, on a davantage de contrôle sur les règles politiques du jeu économique?

Il ne faudrait pas que le nationalisme québécois rejoue, sur le plan économique cette fois, la partie perdue il y a cent ans par tous ces Canadiens français qui allèrent s'assimiler aux États-Unis, en abandonnant l'Ouest aux anglophones. Il y a sans doute plus d'avenir qu'on ne le pense pour le nationalisme économique québécois au Canada. Et ce, dans l'optique même d'une conquête du marché américain.

LE VETO

Ce qui advint du veto du Québec a clairement illustré la difficulté de l'identité québécoise à gérer le pouvoir, tant au niveau collectif qu'au niveau individuel. Affaibli par le référendum, le gouvernement du Québec seul n'avait plus la force suffisante pour empêcher les autres provinces et le fédéral de rapatrier et de modifier la Constitution, ce qu'ils firent en 1981-1982 malgré son opposition.

Par la suite, la Cour suprême du Canada confirma la légalité de l'initiative. Au Québec comme au Canada anglais, on prit prétexte de ce jugement pour clamer qu'en aucun temps le Québec n'avait disposé de veto. Étant donné qu'il est impossible de perdre ce qu'on n'a jamais possédé, ou d'ôter ce qui n'a jamais existé, le raisonnement avait évidemment l'avantage de limiter au minimum les remises en question. Il ne tenait cependant pas compte de la distinction qui existe entre la notion juridique de «droit» et le concept politique de «pouvoir». Un tribunal décide du droit au moment où il rend son jugement, mais il ne lui est pas possible, fût-il suprême, de réécrire l'histoire politique d'un pays. Que le Québec ait eu jusqu'aux années 1980 la force suffisante pour empêcher les modifications à la Constitution canadienne sans son consentement, apparaît une réalité historique.

Il serait inutile cependant de s'enliser dans un débat chargé d'émotivité sur cette question, en laissant de côté le point véritablement important. Car ce qui est à retenir de cet épisode, ce n'est pas que le Québec ait perdu son veto, ni même que ses partenaires le lui aient enlevé. C'est plutôt que le gouvernement québécois de l'époque ait renoncé — de lui-même — au principe du veto qu'il croyait à tout le moins avoir. On en était venu à la conclusion qu'il s'agissait là d'un pouvoir trop difficile à gérer, en fait d'un pouvoir trop grand.

Claude Morin, à l'époque responsable des négociations constitutionnelles pour le Québec, a souvent expliqué que le veto, un peu l'équivalent de la bombe atomique dans les relations internationales, n'était pas d'une grande utilité dans la gestion quotidienne des relations du Québec avec ses partenaires canadiens. Au surplus, dans un système intergouvernemental canadien où les premiers ministres sont amenés à se rencontrer régulièrement et à nouer des relations personnelles, le premier ministre québécois qui se serait servi du veto aurait dû supporter l'odieux de refuser à ses collègues un changement unanimement désiré par eux.

La comparaison avec la bombe atomique illustre que le veto, comme l'armement nucléaire, constitue un pouvoir de dissuasion. Cela fait ressortir aussi que c'était la marque pour le Québec d'un statut élevé, l'un des plus élevés après l'indépendance. Sur le plan international, les pays qui disposent de l'armement nucléaire jouissent d'un statut que les autres nations n'ont pas, fussent-elles plus riches et plus peuplées.

Ce statut deviendra générateur de pouvoir dans des domaines tout autres que le nucléaire, mais à une condition: les autres pays doivent avoir la conviction que la nation disposant de l'armement nucléaire l'utilisera si ses intérêts vitaux — les «intérêts nationaux essentiels» dont parle Kissinger — sont en cause. Cette détermination représente l'essence même de tout pouvoir de dissuasion, que l'on parle de la bombe atomique ou du veto. L'utilisation effective de l'arme, loin d'être indispensable, démontre au contraire que le pouvoir a diminué, car il a été incapable de dissuader. Enfin cette utilisation éventuelle sera toujours difficile, le pouvoir de dissuasion comportant, par définition, une menace disproportionnée.

Que penserait-on si la France ou les États-Unis renonçaient unilatéralement à l'armement nucléaire, sous prétexte que la décision éventuelle d'envoyer des missiles devenait trop difficile à prendre pour leurs présidents? On penserait qu'ils sont devenus faibles. C'est dans ce sens que le veto était devenu un pouvoir trop grand pour une identité québécoise écartelé entre le *French power* et le nationalisme québécois. On aurait dit que, en même temps qu'elle rêvait d'une indépendance un peu magique la libérant des contraintes de son environnement géopolitique, l'identité québécoise devenait trop affaiblie pour simplement exercer le pouvoir qu'elle détenait déjà.

La détermination faisait défaut, et cela devint évident lorsque le Québec renonça de lui-même au principe du veto. L'un des motifs invoqués alors pour ce faire fut la difficulté du premier ministre du Québec à exercer le pouvoir ultime de la collectivité qu'il représentait, sous le regard désapprobateur de ses partenaires. Cela en dit long sur l'identité québécoise. Il y a, ancré en elle, le besoin de l'approbation de «l'autre», qu'il soit le Conquérant, l'Anglais ou la partie canadienne d'elle-même.

La suite est bien connue. Le projet de réforme constitutionnelle de M. Trudeau comportait de graves lacunes, mais il reconnaissait le veto traditionnel du Québec. Dans une tentative désespérée pour obtenir l'appui des autres provinces et bloquer ainsi le leader du *French power*, le gouvernement du Parti québécois troqua le veto contre le droit de se retirer d'une modification constitutionnelle non-désirée, moyennant une compensation financière. Ce pouvoir était moins important et moins dérangeant pour le reste du pays que le veto; il ne pouvait s'appliquer aux institutions fédérales, notamment la Chambre des communes et le Sénat, dont le Québec ne pouvait se retirer.

Le paradoxe est que, alors que le gouvernement du Québec aspirait à l'exercice du pouvoir suprême, l'indépendance, il échangea un pouvoir de moindre importance mais réel, contre un pouvoir encore moins important. On avait renoncé au principe du veto, c'est-à-dire à exercer un pouvoir sur ses partenaires. Le hic était que ceux-ci n'avaient nullement en retour renoncé à contrôler un Canada, dont le Québec faisait toujours partie intégrante.

Certains n'ont pas manqué de saluer le droit de retrait comme un important gain du Québec, une sorte d'«indépendance à la carte». Il y avait pourtant une différence fondamentale entre le droit de retrait et l'indépendance: on restait dans le Canada. La différence avec le droit de veto, c'était qu'on détenait moins de pouvoir sur ce même Canada. L'avenir allait rapidement le prouver. Six ans après que le veto ne se soit définitivement envolé, le Québec essaie toujours d'obtenir la compensation financière promise en cas de retrait d'une modification constitutionnelle non-désirée.

À la suite du Non référendaire, il aurait fallu une alliance entre les deux volets du nationalisme franco-canadien, le *French power* et le nationalisme québécois, pour conserver au Québec son veto. Mais cette alliance était devenue irréalisable, à cause d'une dynamique foncièrement antagoniste: on tenait davantage à écraser l'autre partie qu'à maintenir le pouvoir du seul gouvernement contrôlé par les francophones au Canada.

GESTION COLLECTIVE, GESTION INDIVIDUELLE

La difficulté pour un premier ministre du Québec, quel qu'il fût, d'excercer le veto amena donc à renoncer au principe de ce pouvoir. Il s'agit là, assurément, de l'une des situations où se retrouvent le plus étroitement imbriqués les aspects collectifs et individuels d'une identité. C'est à titre de représentant de la collectivité que le premier ministre pouvait opposer ou non le veto à ses partenaires; mais c'était aussi un individu qui trouvait ardu d'assumer cette responsabilité.

Évidemment, cet exemple n'est pas typique. Il a cependant l'avantage de faire ressortir les liens, la dynamique qui agissent toujours entre les aspects collectifs et individuels d'une identité comme l'identité québécoise. Un problème de gestion du pouvoir sur le plan collectif ne peut qu'avoir des causes — et des répercussions — au niveau des identités individuelles.

C'est comme individu que le premier ministre de notre exemple trouvait le plus pénible d'exercer le veto du Québec à l'égard de ses partenaires. Il est normal que l'identité québécoise soit plus faible dans certains de ses aspects individuels que dans ses aspects collectifs. L'union, en ces domaines comme dans d'autres, fait la force. Par exemple, on s'appuiera sur le groupe pour faire décréter le français langue de travail, ce qu'un individu isolé ne saurait évidemment imposer dans son milieu, sans se faire taxer de fanatisme.

Dans le cas du premier ministre, ce qui importe en définitive, c'est qu'au-delà d'états d'âmes susceptibles d'être ressentis par tout individu placé dans la même situation, l'occupant de cette fonction-clef ait la force d'opposer à ses partenaires le veto de son gouvernement, s'il estime que les intérêts vitaux de la collectivité qu'il représente sont en cause. Cela implique qu'il soit en mesure de soutenir le regard en principe désapprobateur des autres premiers ministres auxquels il impose sa loi.

Les problèmes commencent, pour le premier ministre et pour tous les Québécois, lorsque l'écart devient trop flagrant entre les aspects collectifs et individuels de leur identité. Quand le premier ministre ne trouve plus dans son identité individuelle de Québécois la détermination lui permettant d'affirmer le pouvoir collectif du Québec. Quand les Québécois, dans les diverses situations de la vie courante, ne trouvent pas en eux individuellement la volonté de profiter du pouvoir généré par les aspects collectifs de leur nationalisme.

Il semble bien que c'est ce qui est en train d'arriver à l'identité québécoise. L'une des raisons qui amenèrent le Québec à renoncer au principe du veto était que son exercice devenait trop difficile sur le plan humain pour son premier ministre; le même processus se reproduit sur le plan individuel, chez les Québécois en général. Le pouvoir existe, là n'est pas le problème. Il se situe plutôt dans la difficulté à affirmer ce pouvoir, en présence de l'«Anglais»; on en arrive donc à le perdre, au profit de ce dernier.

Ces temps-ci, il en va ainsi de l'une des conséquences les plus importantes et les plus positives de l'action combinée du *French power* et du nationalisme québécois: l'augmentation de la connaissance du français chez les anglophones. Dans le reste du pays, le phénomène concerne avant tout les élites, à la suite de la politique fédérale de bilinguisme; au Québec, c'est l'ensemble de la communauté non-francophone qui a été affectée par les politiques de francisation.

Malgré certains aspects pernicieux, la politique fédérale de bilinguisme ne fut pas qu'une supercherie, comme le croient un peu rapidement certains Québécois. Le bilinguisme est devenu une composante majeure de l'identité canadienne, une des clefs permettant d'entrer dans la nouvelle classe dirigeante du pays. L'augmentation du bilinguisme des élites canadiennes-anglaises, à des degrés divers, est une réalité tangible, en particulier chez les jeunes. L'aptitude à comprendre le français, sans être nécessairement accompagnée de la capacité de le parler, atteint chez les élites du Canada anglais des niveaux nettement sous-estimés au Québec.

Que dans le reste du pays, il s'agisse avant tout d'un phénomène d'élites ne doit pas empêcher de voir l'avantage qui résulte pour les francophones de la possibilité accrue de parler leur langue maternelle, dans les milieux où se concentre le pouvoir. Le choix de la langue utilisée n'est pas une mince affaire en terme de valeurs et de points de référence véhiculés: une conversation en français avantage à priori ceux dont l'identité est principalement québécoise. Au Québec, le bilinguisme des anglophones ne concerne pas que les élites. La majorité des Québécois non-francophones sont maintenant bilingues, les pourcentages étant, encore là, plus élevés chez les jeunes.

Il y a dans cette aptitude nouvelle des anglophones à parler ou à comprendre le français une source potentielle de pouvoir pour les Québécois. Et pourtant, trop de francophones québécois continuent à communiquer en anglais avec des anglophones, indépendamment de l'aptitude de ceux-ci à s'exprimer en français. Certaines indications laissent même à penser que le phénomène s'amplifie. Les raisons qu'on donne pour justifier un tel comportement, très variées, sont souvent pleines de bon sens.

Tel nationaliste québécois réputé parlera systématiquement anglais en public, dès qu'il met les pieds hors du Québec, quelle que soit l'aptitude de son auditoire à comprendre le français et même si une partie non-négligeable de celui-ci est francophone: application du principe qu'à un Québec français doit répondre un reste du pays anglais. D'autres francophones du milieu des affaires, au Québec cette fois, s'empresseront de parler «la langue du client» à des Anglo-Québécois qui eux, les avaient pourtant abordés en français. Tel ministre québécois emploiera souvent l'anglais lors de conférences intergouvernementales formelles, malgré la disponibilité d'un coûteux système d'interprétation simultanée. Cela facilite les «vrais contacts», prétendra-t-il.

Certains expliqueront qu'ils veulent tout simplement améliorer leur anglais; beaucoup chercheront tout bonnement à être polis avec leurs concitoyens anglophones; d'autres s'inclineront, révoltés ou résignés, devant le nombre croissant d'anglophones se refusant à parler français au Québec. Tous insisteront sur le fait qu'il importe avant tout de se faire comprendre. S'imposera d'emblée l'anglais dans les groupes mixtes, où l'on prend automatiquement pour acquis que la quasi-totalité des anglophones ne comprennent pas le français, alors que tous les francophones — ou presque — savent l'anglais.

Si les justifications varient, le résultat est toujours le même: à nouveau, les francophones tendent à parler anglais quand il y a des anglophones et à parler le français entre eux, au Québec comme ailleurs au Canada. Comme au bon vieux temps du Canada français d'avant la Révolution tranquille, où les francophones supportaient tout le poids du bilinguisme, à cette différence près que les anglophones de l'époque ne parlaient à peu près jamais le français.

Pourtant, dans une optique de gestion du pouvoir, il est clair et net que le Québécois, en parlant anglais, se place sur le terrain de l'autre, sur un territoire où il est handicapé par rapport à son interlocuteur. Et ce, même si sa maîtrise de la langue de Shakespeare est excellente, ce qui reste l'exception. Le Canada et le Québec étant ce qu'ils sont, ce handicap est fréquemment inévitable et il peut être compensé par d'autres facteurs. Si les Québécois ne sont pas toujours perdants quand ils utilisent l'anglais avec les anglophones, ils ont néanmoins intérêt à utiliser le français quand ils le peuvent, dans la mesure où ils veulent exercer du pouvoir comme Québécois.

Incidemment, dénonçons ce sophisme de prétendre que, dans ce genre de situation, la seule chose importante au bout du compte, c'est de se faire comprendre. C'est l'argument ultime, celui que l'on invoque le plus souvent pour passer à l'anglais. Ce qui importe encore plus que de se faire comprendre, c'est d'exercer son pouvoir et d'en arriver à ses fins, toujours dans une optique de gestion maximale de pouvoir. Dans certains cas, le fait même de ne pas être intégralement compris peut devenir un avantage, dans la mesure où celui qui ne comprend pas a la désagréable impression qu'il devrait comprendre.

En ne s'annexant pas le territoire psychologique qui pourrait découler de la nouvelle compétence en français des anglophones, les Québécois jouent avec le feu. Car le côté conquérant de l'identité canadienne rôde. Encore aujourd'hui, il est courant que des Canadiens anglais, de passage dans les régions les plus françaises du Québec, s'adressent spontanément aux habitants en anglais, sans s'enquérir de l'aptitude de ceux-ci à parler cette langue. *The Globe and Mail* de Toronto, «le quotidien national du Canada», trouve normal d'être seul en vente dans des boîtes à journaux le long des voies publiques à Québec, ville pourtant entièrement française: les quotidiens québécois n'ont qu'à faire de même, semble-t-il...

Ce côté conquérant aidant, l'aptitude à parler français des élites canadiennes-anglaises et des Anglo-Québécois, risque de n'être qu'un phénomène transitoire: le temps pour la majorité anglo-canadienne de s'approprier une partie du pouvoir autrefois rattaché à l'identité collective québécoise. Les Québécois bilingues continueront de parler anglais avec les anglophones, mais ils auront perdu la satisfaction de se dire qu'ils auraient pu parler français, s'ils l'avaient voulu. Quant aux Québécois unilingues français — sept francophones sur dix en 1981 —, ils n'auront pas d'autre choix que d'apprendre l'anglais.

Cette relative sur-utilisation de la langue anglaise par les francophones peut s'expliquer par le fait que, pour eux, l'anglais n'est pas vraiment une langue étrangère comme les autres, depuis le temps qu'ils y sont exposés dans certaines situations de leur vie publique ou privée. On peut même se demander si, inconsciemment, on ne compense la mise sous le boisseau de cette portion taboue de l'identité québécoise, par une utilisation plus fréquente de la langue anglaise dans la vie de tous les jours.

Mais c'est surtout une séquelle nette de la Conquête, l'envers de ce que Murray notait déjà chez les anciens Canadiens: la gentillesse parfois excessive d'un peuple dont l'hymne national officieux est «C'est à ton tour de te laisser parler d'amour.» Le Québécois a quelquefois du mal à affirmer son pouvoir en présence du regard réprobateur de l'Anglais; pas étonnant qu'en réaction il en vienne à souhaiter la disparition de ce même Anglais, de cette partie menaçante de lui-même.

Au-delà des slogans, s'ils veulent véritablement renouveler leur nationalisme, les Québécois auraient intérêt à abandonner cet excès de gentillesse et à durcir leur identité sur le plan individuel. Cela sera d'autant plus nécessaire qu'un plus grand nombre d'entre eux, pas toujours à l'aise en anglais, entreront éventuellement en contact avec des anglophones dans les prochaines années. Ces francophones ne doivent pas se limiter à apprendre l'anglais, mais imposer également leur langue maternelle. Il y a là un travail que l'État, qu'il soit québécois ou canadien, ne pourra jamais faire à la place des individus.

Nul doute par ailleurs qu'un nationalisme vigoureux, dans ses aspects collectifs et politiques, demeurera toujours indispensable à l'épanouissement de l'identité québécoise. Pour être efficace, ce nationalisme doit cependant tenir compte de la nature de cette identité. L'un des principaux problèmes de celle-ci étant la difficulté à affirmer son pouvoir sous le regard de l'«Anglais», il serait mal avisé de tout miser sur une disposition constitutionnelle comme la clause nonobstant, et ce malgré son incontestable force.

La principale séquelle de la Conquête sur l'identité québécoise réside dans sa difficulté à conserver le pouvoir considérable qu'elle génère. L'histoire mondiale a amplement démontré que ce n'était pas un hasard si les Anglais l'avaient emporté sur les Français en 1760. Tant que l'identité québécoise ne s'appropriera pas ce que l'Anglais avait alors de plus fort, tant qu'elle ne sera pas devenue sa propre conquérante, elle sera malheureusement condamnée à reperdre toujours la même bataille des plaines d'Abraham.

Il y a là un formidable défi à relever: la stabilisation de l'identité québécoise par rapport à l'identité canadienne. L'équivalent psychologique de l'indépendance, la conquête de la Conquête. Pour que le Québec se remette enfin à gagner, pour vrai.

Cela pourrait être facilité par une prise de conscience: l'identité québécoise comporte une part constitutive anglaise, soumise à son contrôle; le pouvoir conquérant est potentiellement devenu sien. Cette fraction de l'identité québécoise, actuellement perçue comme une menace, pourrait agir comme vaccin, stoppant plutôt qu'accentuant le processus d'assimilation dans le grand tout nord-américain. Mais encore faudrait-il que l'on fût en mesure d'exercer son pouvoir en présence de cette partie anglaise, sans s'incliner devant elle, mais aussi sans la nier non plus.

Un Québec indépendant aurait été assez fort pour reconnaître à l'anglais son statut historique de langue québécoise. En retour, peut-on penser, un Québec intégrant sa composante anglaise récupérerait la capacité d'accéder à l'indépendance. Évidemment, le Canada étant alors davantage accepté, cette option ne serait peut-être plus nécessaire ni souhaitée. Il ne faudrait pas sous-estimer cependant la profonde aspiration du Québec à l'autodétermination, surtout si le reste du pays n'accorde pas à la société québécoise la reconnaissance à laquelle elle a droit, et sans quoi la survie du Canada va à l'encontre des intérêts des Québécois.

Un Québec qui intégrerait mieux sa composante anglaise gérerait mieux son pouvoir et serait plus apte à négocier avec le reste du pays une relation différente.

CHAPITRE 8

Des provinces et des régions du Canada

LES EXCÈS DU PROVINCIALISME

Le fédéralisme coopératif des années 40 et 50 donna lieu, sous les premiers ministres Mackenzie King et Louis Saint-Laurent, à ce qu'on appela le *"Nation Building*[1]*"*, la graduelle centralisation à Ottawa des pouvoirs les plus importants. La Révolution tranquille, l'affirmation nationaliste québécoise devaient stopper ce processus dans les années 60. Au cours des années 70, la vapeur sera renversée et l'on assistera au *"Province Building"*, à la montée du pouvoir des provinces.

Les provinces anglophones comprirent le profit qu'elles pouvaient tirer des revendications québécoises auprès d'Ottawa. Cela fut tout particulièrement exact pour les provinces de l'Ouest, qui voulurent au plus tôt encaisser les bénéfices politiques d'une prospérité économique sans précédent et mettre fin à l'aliénation traditionnelle de cette partie du pays par rapport au Canada central.

Les gouvernements provinciaux de l'Ouest menèrent à bien l'opération, déjouant habilement un Trudeau foncièrement centralisateur, mais aveuglé par sa vendetta contre le nationalisme québécois. La loi constitutionnelle de 1982 adoptait, comme mode d'amendement à la constitution, la formule favorisée par les quatre gouvernements de l'Ouest. Elle se basait sur le principe de l'égalité des provinces, sans droit de veto pour le Québec ni référence au concept de région.

C'était une victoire à la Pyrrhus, la confirmation que le provincialisme du pays s'accentuait, ne laissant pas de place au régionalisme comme composante structurelle du Canada. Or, le pouvoir de l'Ouest dans le tout canadien aurait été plus grand si la région avait eu la possibilité de parler politiquement d'une seule voix, à tout le moins dans certaines circonstances. Historiquement, un gouvernement représentant l'Ouest, ou juste les Prairies[2], aurait eu plus de poids que des provinces isolées, en compétition les unes avec les autres. La faiblesse de l'Ouest, vis-à-vis des provinces-régions comme l'Ontario et le Québec, ressemble au handicap, dont souffre l'Europe à cause de sa division, par rapport aux États-continents comme les États-Unis ou l'Union soviétique.

La Colombie britannique, séparée du reste du pays par la formidable barrière des Rocheuses, a toujours eu une personnalité particulière qui la fait aspirer au statut de région à part entière, la région du Pacifique. Les gouvernements provinciaux des Prairies ont acquis eux, au fil des années, une légitimité et une compétence incontestables. Il s'agit là de l'aboutissement d'un cheminement amorcé dès 1905.

Laurier avait décidé alors de créer, à partir des Territoires du Nord-Ouest, deux nouvelles provinces, la Saskatchewan et l'Alberta. Avec le Manitoba déjà existant, cela portait à trois le nombre des provinces des Prairies. Le premier ministre fédéral ne créa pas une seule grande province dans cette région du pays, comme il lui aurait été facile de le faire; il ne voulut pas menacer la prépondérance politique du Québec et de l'Ontario. Celui qu'on considère souvent comme le père de l'Ouest fut également son mauvais génie, car l'opération s'avéra efficace.

À l'origine, l'Alberta et la Saskatchewan étaient des créations avant tout politiques, dont les assises dans la réalité étaient faibles[3]. On n'a qu'à jeter un coup d'œil sur une carte pour s'en convaincre: les frontières des deux provinces sont presque parfaitement géométriques. Jusqu'aux environs de la Deuxième Guerre mondiale, les Prairies constituèrent une région dans le sens fort du terme.

Leurs citoyens étaient unis par des caractéristiques communes, qui les séparaient des autres Canadiens: immigrants ni anglais, ni français, souvent originaires d'Europe centrale; économie basée sur la monoculture du blé; prédilection pour des partis politiques radicaux et marginaux comme les créditistes ou les socialistes. Les regroupements d'agriculteurs fournirent même un temps une forme régionale d'organisation politique.

Mais l'assise territoriale des gouvernements entraîne inévitablement des effets structurants sur les sociétés par eux gouvernées. Qu'il y eût dans les Prairies trois gouvernements provinciaux entraîna graduellement la formation de trois sociétés provinciales; tout naturellement, la population de cette région s'organisa sur une base provinciale, que ce soit sur le plan économique, social ou culturel. Les gouvernements provinciaux secrétèrent, pour ainsi dire, les sociétés qui leur faisaient défaut au départ.

Après la dernière guerre, la diversification de la base économique de la région alimenta cette évolution, en mettant les provinces de l'Ouest en concurrence les unes avec les autres. La naissance d'une économie albertaine axée sur les ressources énergétiques rapprocha cette province de la Colombie, en l'éloignant d'une Sakatchewan restée rurale. Les années 70 virent enfin l'émergence d'administrations provinciales énergiques et compétentes, en particulier dans leur façon de négocier avec Ottawa. Les habitants des grands centres urbains de l'Ouest ressemblent maintenant à leurs compatriotes de Toronto ou de Halifax, quant à leur sens des valeurs et à leur mode de vie. La spécificité des Prairies comparativement au reste du pays reste plus évidente en milieu rural.

L'affaiblissement de la spécificité régionale de l'Ouest et la montée du provincialisme sont étroitement liés; ce sont devenus des facteurs incontournables de la vie politique canadienne. Il serait exagéré d'en conclure que ne subsistent pas, dans cette partie du Canada, des préoccupations et des frustrations de nature proprement régionale. Contrairement au Québec, l'Ouest n'a jamais sérieusement envisagé de quitter le pays; son véritable but n'est même pas l'augmentation des pouvoirs des gouvernements provinciaux. Loin de vouloir faire bande à part, cette région aspire à une intégration accrue au système. Elle demande que les politiques fédérales tiennent réellement compte de ses préoccupations.

Pas étonnant que la performance québécoise des derniers vingt ans, une catastrophe de première grandeur dans l'optique d'un nationalisme québécois axé sur l'augmentation des pouvoirs du gouvernement du Québec, apparaisse à l'Ouest comme un succès enviable. Il est incontestable que des changements structuraux ont été apportés au système canadien afin que le Québec soit davantage intégré — mal, mais c'est un autre problème — au reste du pays. Les politiques fédérales se soucient plus des préoccupations spécifiques du Québec, telles qu'exprimées par le *French power* québécois, en matière linguistique. Or, c'est précisément ce que désire l'Ouest: influencer le pouvoir central dans le sens de ses priorités à lui, qui sont essentiellement économiques.

Comment ne pas admirer un Québec qui a réussi à susciter une politique fédérale de bilinguisme qui s'applique à Regina, tout en se proclamant lui-même unilingue français? Comment ne pas en vouloir à une province-région dont sont originaires les premiers ministres du pays depuis vingt ans, et dont le vote en bloc pour le parti vainqueur lui assure une part généreuse du pouvoir à Ottawa? Comment ne pas regarder avec envie la naissance à Montréal d'une vigoureuse économie contrôlée par des francophones et en fonction des intérêts des Québécois?

Si l'Ouest peut difficilement aspirer à de tels succès, c'est en partie que le nationalisme québécois se nourrit d'une énergie propre qui n'est pas de nature régionale. Mais même sans cela, la région se verrait défavorisée politiquement face au Québec, à cause de son «corset provincial». Celui-ci l'empêcherait de récolter la totalité des bénéfices politiques qui viendraient normalement de l'augmentation de sa population et de sa richesse.

Il faut noter ici que le refus de reconnaître des conséquences politiques à la spécificité québécoise — la principale séquelle de la Conquête — est en train de porter le provincialisme canadien à des sommets inégalés. Par définition, les intérêts des divers gouvernements provinciaux ne correspondent pas, parfois, à ceux de la région dont ils font partie. Le renforcement du provincialisme ne peut donc qu'accentuer l'aliénation régionale déjà existante, au détriment de l'Ouest et de l'Atlantique, mais aussi du pays tout entier.

C'est en partie parce qu'on ne voulait pas reconnaître quelque statut particulier que ce fût au Québec, qu'on s'en tint finalement, en 1982, au principe des provinces égales les unes aux autres. On mit donc de côté l'idée, pleine de bon sens et partagée au départ par plusieurs, que le mode d'amendement à la constitution devait comporter un aspect régional. Le processus continue, avec des effets de plus en plus pervers.

Dans le cadre des négociations qui menèrent à l'Accord du lac Meech, on accorda finalement à toutes les provinces un droit de veto sur la modification des institutions fédérales, comme le Sénat. On le fit, non parce que toutes les provinces l'avaient demandé ou en avaient besoin, mais bien parce que l'on admettait la nécessité de donner ce pouvoir au Québec. Or, selon le credo trudeauiste dominant encore incontesté la pensée politique canadienne, ce qu'on offre au Québec doit être également offert aux autres provinces. Quitte à introduire une rigidité supplémentaire et inutile dans le dossier de la réforme du Sénat. Cette dernière constitue la principale revendication constitutionnelle d'un Ouest, contre lequel se retourne le provincialisme du système politique canadien.

Dans le même Accord du lac Meech, on appliqua à l'ensemble des provinces des limitations au pouvoir fédéral de dépenser, demandées à l'origine par le Québec pour protéger les champs de compétence québécois. Encore là, l'effet de la Conquête aidant, on se garda bien de considérer que les programmes nationaux de dépenses dans les domaines de compétence provinciaux étaient nettement mieux acceptés au Canada anglais qu'au Québec. Pas étonnant que la mesure ait suscité des inquiétudes dans ces petites provinces qui dépendent beaucoup des programmes fédéraux. Et les opposants à l'Accord du lac Meech n'ont pas manqué de prétendre que ces dispositions diminueraient de façon alarmante la capacité d'action du gouvernement fédéral, dans le contexte du libre-échange avec les États-Unis.

On voit clairement le côté profondément vicieux d'une dynamique basée sur la négation des conséquences politiques de la spécificité québécoise. On a reproché à l'Accord du lac Meech d'affaiblir le Canada, d'entraver la satisfaction des justes aspirations de l'Ouest. On ne voulait pas voir que c'est au contraire le défaut d'admettre franchement la spécificité québécoise qui donnerait à l'île du Prince-Édouard un droit de veto sur la réforme du Sénat ou qui rendrait plus compliqué l'exercice par Ottawa de son pouvoir de dépenser dans des domaines qui font consensus au Canada anglais. S'il fallait modifier l'Accord du lac Meech en vue de corriger ces lacunes, ce devrait être pour reconnaître la spécificité québécoise de façon plus complète.

Car au sein du pays, le Québec ne peut qu'avoir un statut particulier, en fait sinon en droit. Que cette évidence soit devenue le sujet tabou par excellence de la vie politique canadienne, qu'il soit suicidaire pour tout politicien canadien-anglais de simplement prononcer cette expression de statut particulier, avec ses relents de favoritisme régressif, en dit long sur le problème canadien.

L'accentuation de la provincialisation du système ne sert les intérêts de personne. Qui osera affirmer que le pays se porte bien, quand on a pu rapatrier et modifier la Constitution en 1982 malgré le désaccord du Québec, alors que le Manitoba a été en mesure, six ans plus tard, de faire échec tout seul à l'Accord du lac Meech?

L'AXE TORONTO-OTTAWA-MONTRÉAL

On affirme dans ce livre que le Canada s'est édifié sur la conquête de 1760. Il ne faudrait pas oublier pour autant que, depuis un siècle, le pays s'est largement construit aussi sur l'exploitation de ses régions périphériques, l'Atlantique et l'Ouest. Les Québécois méconnaissent souvent cette réalité.

La "*National Policy*[4]" du premier ministre John A. McDonald jetait au siècle dernier les bases du Canada moderne. Par des droits de douanes élevés sur les importations américaines et le jeu des tarifs ferroviaires, l'Ouest deviendra un réservoir de matières premières pour le Québec et l'Ontario, de même qu'un marché captif pour les produits manufacturés de ces deux provinces peuplées et industrialisées. À l'origine, cela correspondait à la réalité du pays et n'était pas, en tant que tel, préjudiciable aux intérêts des régions périphériques. Cependant, la situation évolua graduellement à leur désavantage.

Les provinces de l'Atlantique furent réduites à un état de dépendance chronique à l'égard du gouvernement fédéral, dont il leur est difficile aujourd'hui de s'affranchir, entre autres raisons parce qu'on y est à demi-résigné. Il n'en est pas de même de l'Ouest, région plus jeune et plus riche, frustrée de se sentir exploitée économiquement par un pouvoir fédéral favorisant le centre du pays. Encore récemment, la défunte politique nationale de l'énergie a été ressentie dans l'Ouest comme un énorme et injustifié transfert des ressources des provinces productrices de pétrole vers les consommateurs de l'Est.

La rancœur de l'Ouest vis-à-vis de sa colonisation traditionnelle par le Canada central eut souvent comme bouc-émissaire l'élément le plus apparent de cette partie du pays, le Québec français. Il était plus aisé d'en tenir rigueur à des gens différents de soi par un élément fondamental comme la langue qu'à d'anonymes banquiers bons pères de famille de *Bay Street* ou de *St. James Street*. Ce sentiment pouvait se comprendre tant que l'axe *Montreal-Toronto-Ottawa* contrôlait le pays, tant que le Québec faisait partie intégrante du Canada central.

Or, tel n'est plus le cas sous maints aspects, et tout indique que ce le sera de moins en moins. Le Québec, à l'instar de l'Ouest, est devenu une région, mais une région française. La montée du nationalisme québécois et la francisation de la province ont fait fuir à Toronto l'essentiel du vieux pouvoir anglo-montréalais. Cela n'est pas étranger d'ailleurs au gonflement économique de la capitale ontarienne ces dernières années. L'édifice le plus élevé y affiche fièrement le nom d'une *Bank of Montreal*, qui n'a plus aujourd'hui que son siège social nominal à Montréal.

Elle est bien loin l'époque fastueuse des entrepreneurs du *Golden Square Mile*[5] montréalais, bâtissant dans la deuxième moitié du XIXe siècle, grâce au chemin de fer, l'empire économique canadien. Il reste de cette époque, où l'*Establishment* anglo-montréalais regardait de haut Toronto la provinciale, quelques somptueux souvenirs. Le majestueux édifice de la *Sun Life*, un temps le plus haut du Commonwealth, puis devenu le symbole de l'arrogance anglo-saxonne pour le nationalisme québécois, domine encore le *Square Dominion*.

Le Canada central se limite de plus en plus à l'Ontario seulement, où sont concentrées dans des proportions jamais vues la population et la richesse canadiennes. À l'égard de ce nouveau Canada central, le Québec aura vraisemblablement des revendications présentant des analogies avec celles de l'Ouest. Les critiques du premier ministre québécois, relativement à une politique monétaire fédérale tenant compte de la situation économique torontoise au détriment du reste du pays, sont un signe avant-coureur d'une aliénation plus proprement régionale et économique du Québec.

Mais tant que le nationalisme québécois ne sera pas reconnu dans ce qu'il a de spécifique, le dynamisme régional du Québec ne pourra pas jouer, de concert avec l'Ouest. Et celui-ci en voudra au Québec de lui imposer des priorités qui sont souvent celles de l'Ontario, de projeter, en raison du bilinguisme, l'image d'un pouvoir déménagé ailleurs.

Une solution partielle à l'aliénation régionale pourrait venir de la réforme des institutions fédérales, en particulier du Sénat. Il s'agirait de s'assurer que, dans leur formulation, les politiques fédérales prennent davantage en considération les préoccupations des différentes régions du pays. La réforme du Sénat est d'ailleurs «la» revendication constitutionnelle de l'Ouest depuis belle lurette.

La position traditionnelle du Québec fut toujours de se désintéresser de la réforme du Sénat, dont le succès même aurait affaibli sa revendication constitutionnelle principale: la modification du partage des pouvoirs entre Ottawa et Québec. Ce désintérêt, joint au fait qu'une véritable réforme du Sénat modifierait considérablement la politique canadienne, a rendu illusoires jusqu'à présent les perspectives d'un tel changement.

La reconnaissance de la spécificité québécoise, à condition qu'elle ait des effets politiques, modifierait cette façon de voir. En effet, cela dissocierait la responsabilité spéciale du Québec à l'égard de la société distincte québécoise, des intérêts de la province en tant que région du pays. Le gouvernement du Québec aurait alors avantage à utiliser son pouvoir de veto sur les institutions fédérales, non pour bloquer toute réforme du Sénat, mais bien pour s'assurer que des changements éventuels tiendraient compte de ses nouveaux intérêts de région.

Un bon indice de la nouvelle convergence d'intérêts entre l'Ouest et le Québec fut l'appui que ces deux régions donnèrent globalement au libre-échange. Cela contrasta fortement avec l'opposition d'un gouvernement ontarien isolé, exprimant son refus solennel par une résolution de l'Assemblée législative de la province. Il ne faudrait pas en conclure que désormais, la force combinée de l'Ouest et du Québec permet de gouverner le Canada contre la volonté d'une province puissante qui fut, sans que cela ne paraisse trop, la principale bénéficiaire des changements constitutionnels de 1982.

Dans plusieurs domaines, les intérêts des anciens Bas-Canada et Haut-Canada se recoupent encore. Il ne faut pas sous-estimer non plus les conséquences de l'éloignement physique du Québec et de l'Ouest, minimiser la vieille tradition anti-française présente dans cette dernière région. Il existe par ailleurs au pays une solidarité proprement canadienne-anglaise, contre le Québec. Enfin, il faut garder en mémoire que le provincialisme a nettement pris le dessus sur le régionalisme. L'Ouest, comme le Québec, a appuyé globalement le libre-échange, mais c'est également dans cette région, en Saskatchewan, que le traité canado-américain rencontra le plus d'opposition, lors de la campagne électorale de 1988.

Ces réserves faites, il reste sans précédent qu'une entente de l'importance de celle du libre-échange ait été conclue en dépit du désaccord de l'Ontario. Il est clair par ailleurs que l'ampleur même de la croissance de Toronto est le signe d'un bris d'équilibre dans la géopolitique canadienne. Le colosse ontarien a les pieds d'argile: à lui tout seul, il ne générera jamais autant de pouvoir que l'ancien axe *Ottawa-Montreal-Toronto*.

L'accord de libre-échange avec les États-Unis, en stimulant le régionalisme latent du Canada, devrait atténuer l'hégémonie de l'Ontario sur le pays, en transformant davantage cette province en une région parmi les autres. Indubitablement, une puissante région, comme l'a bien prouvé l'appui massif du monde des affaires ontarien à l'accord. Certains Canadiens anglais, qui ne vivent pas tous en Ontario, craignent cependant qu'il n'en découle une dangereuse «balkanisation» du pays et que les pouvoirs du gouvernement fédéral n'en ressortent démesurément amoindris.

C'est oublier que le processus, tenant compte de la réalité canadienne, ne pourra dépasser certaines limites. On voit mal comment les provinces de l'Atlantique pourraient se dispenser de l'aide d'Ottawa; par ailleurs, une grande partie des réformes de l'ère Trudeau, qui allaient dans le sens du renforcement du pouvoir central, resteraient. Mais une montée du régionalisme serait à la fois une bouffée d'air frais et un retour à ce qui faisait à l'origine la force du Canada. Cela atténuerait également les conséquences les plus pernicieuses des réformes de 1982.

Cela permettrait enfin au dynamisme proprement régional du Québec de s'exprimer à l'intérieur du Canada. À condition évidemment que la spécificité québécoise soit reconnue. L'accord du libre-échange, loin de rendre cette reconnaissance périlleuse ou désuète, en accentue encore la nécessité. Le pays n'a pas d'autre choix que de mieux intégrer l'énergie nationaliste québécoise et le dynamisme de ses régions, s'il se veut apte à relever le défi du difficile rendez-vous avec le géant américain.

Dans cette optique, les réformes constitutionnelles de 1982, l'accord de libéralisation des échanges avec les États-Unis et la reconnaissance des effets politiques de la spécificité québécoise doivent être considérés comme un tout. Ces trois mesures se répondent et se complètent. Séparément, elles peuvent détruire le pays. Réunies, elles changeront le Canada autant que l'Acte de l'Amérique du Nord britannique de 1867 modifia le destin de ces colonies disparates au nord du continent, dont l'Angleterre ne savait trop que faire.

Une question demeure cependant. Le Canada est-il encore capable de changer?

CHAPITRE 9

Qu'est-ce que le Canada anglais?

Certains Canadiens anglais s'étonnent qu'on leur parle encore du Canada anglais, de ces Américains qui refusèrent l'indépendance pour rester fidèles au roi d'Angleterre.

«Toronto est devenue une métropole multiculturelle, la plus grande ville française du Canada à l'extérieur du Québec. La Sakatchewan est en passe de devenir bilingue. Et les provinces diffèrent les unes des autres: l'Ontario ressemble davantage au Québec qu'à Terre-Neuve.

Vive le Canada! Le bilinguisme, la mosaïque, les...»

*

Et si le Canada anglais existait encore? Et si c'était là l'ultime chance du Canada?

L'IDÉALISME CANADIEN

L'idéalisme. Voilà la séquelle spécifiquement canadienne de la Conquête, celle que le pays conserverait même si le Québec partait.

La Conquête au départ, c'était le problème du Québec mais, de Briand à Trudeau en passant par Laurier et Riel, c'est devenu depuis deux cents ans un problème canadien. À cause de ce qu'était, ou plutôt de ce que n'était pas, le Canada anglais. À la suite des réformes structurantes du *French power*, le phénomène affecte maintenant, et à des degrés divers, l'ensemble du système. Le bilinguisme, le multiculturalisme, la Charte des droits, le provincialisme. On a dit un mot des effets malfaisants qui découlent de l'idéal de l'égalité des provinces entre elles, quand il est poussé trop loin.

Ce n'est pas que les réformes apportées n'étaient pas nécessaires; au contraire, elles correspondaient à la réalité d'un pays qui a deux langues, des groupes ethniques nombreux, des provinces fortes et des citoyens sensibles aux droits de la personne. Que l'ensemble comporte une part d'idéal n'est pas non plus ce qui présente des difficultés. Tous les pays, toutes les identités nationales ont besoin d'un minimum de mythologie officielle pour survivre; on n'a qu'à regarder des nations comme la France, l'Angleterre ou les États-Unis pour s'en convaincre.

Mais au-delà de la réalité du pays, au-delà de l'idéal, le Canada sombre dans l'idéalisme, c'est-à-dire dans l'idéologie de l'idéal, figé et obligatoire. Cela n'a rien d'étonnant, car en politique, l'idéalisme correspond à une perte de contact avec la réalité; il tire son origine de l'inaptitude à intégrer certains aspects de celle-ci. Or, il est bien connu que le principal artisan du *French power*, Pierre Elliott Trudeau, basa l'essentiel de son action sur la négation des conséquences politiques engendrées naturellement par le fait québécois. La réalité prend simplement sa revanche.

Le discours officiel sur le multiculturalisme sous-entend que l'assimilation n'est pas inévitable à terme pour un groupe ethnique au Canada. Dans l'idéal de la mosaïque, il y a la volonté d'éviter le phénomène québécois dans sa spécificité, mais aussi l'expression de ces qualités indiscutablement canadiennes que sont la tolérance et l'esprit de compromis. C'est une tentative, partiellement réussie, d'exorciser l'essence même du problème d'identité du Canada: sa difficulté à affirmer des valeurs qui lui soient propres.

Cependant, l'idéalisme gâte un peu la sauce. La caractéristique du Canada, clament sérieusement certains théoriciens outaouais du multiculturalisme, est non seulement d'être ouvert à toutes les cultures, mais de n'en privilégier aucune, même pas les siennes propres. Un Canadien d'origine indienne, membre de la Gendarmerie Royale du Canada, se vit donc reconnaître le droit de porter son turban quand il était de service. Même la «Police montée», l'un des principaux symboles d'une mythologie canadienne qui en est singulièrement dépourvue, ne fit pas le poids à côté de l'idéal multiculturel.

Il s'agit là d'un point mineur. Le problème devient plus grave quand les idéalismes s'additionnent: le bilinguisme et la Charte des droits, dans le cas des classes d'immersion par exemple. Dans un pays où le quart de la population est de langue française, on ne peut qu'applaudir au phénomène des classes d'immersion française pour les anglophones. Cela manifeste, chez les Canadiens de langue anglaise, une ouverture d'esprit incontestable à l'endroit de la réalité francophone et québécoise.

Le bilinguisme est devenu par ailleurs une composante majeure de l'identité officielle canadienne. Symbole éloquent, il est maintenant nécessaire pour tout aspirant au poste de premier ministre du pays, d'être en mesure de s'exprimer en français[1]. En conséquence, les Canadiens anglais ambitieux prennent les moyens pour que leurs enfants apprennent le français et aient ainsi la possibilité d'accéder à des carrières nationales.

Au Canada anglais, la popularité des classes d'immersion est telle qu'à la plupart des endroits, on retrouve davantage d'anglophones désireux d'apprendre le français que de francophones tout court. Ceux-ci insistent cependant, et de façon bien légitime, pour obtenir des écoles dont la majorité des étudiants sont de langue maternelle française, avec ce que cela implique sur le plan culturel et politique: utilisation du français en dehors des salles de cours; contrôle de l'administration, etc.

Cela semble une simple question de sens commun. Mais ne voilà-t-il pas que d'aucuns prétendent que la requête serait inconstitutionnelle.

On ne pourrait faire de distinction entre des francophones voulant étudier dans leur langue maternelle et des anglophones désirant apprendre le français comme langue seconde. Ce serait faire de la discrimination en raison de la langue, chose évidemment interdite par la Charte canadienne des droits.

Force est d'admettre que ce raisonnement est d'une cohérence parfaite dans un système où l'on essaie farouchement de détacher la langue de l'identité à laquelle elle est associée. L'idéalisme du système se retournera, si l'on n'y prend garde, contre les francophones minoritaires que l'on voulait au départ protéger. Au Canada anglais, les écoles françaises deviendront des écoles d'immersion, où l'apprentissage du français se fera comme langue seconde. Beaucoup de francophones, déjà bilingues, préféreront sans doute des écoles françaises où les anglophones sont en majorité, plutôt que pas d'école française du tout.

Dieu soit loué! Au Canada, les gens de bon sens abondent, qui jusqu'à présent n'ont pas manqué d'atténuer les effets les plus absurdes de l'idéalisme officiel canadien. Les dommages restent pour l'heure limités. Mais cette dynamique est profondément incrustée dans la charpente constitutionnelle canadienne et elle ne fait que commencer d'agir. Elle est en train de détériorer maintenant les relations entre le Québec et le reste du pays, entre les francophones et les anglophones.

Par intermittence, on a assisté ces dernières années à de nouvelles manifestations d'irritation du Canada anglais envers le Québec, cet «enfant gâté qui passe son temps à se plaindre». Comme à l'accoutumée, cela fut particulièrement aigu dans les Prairies. Le Manitoba a sur le cœur l'octroi par Ottawa d'un contrat d'entretien d'avions militaires CF-18 à une firme aéronautique du Québec.

Ces sentiments se manifestèrent dans l'Ouest, lors de la campagne électorale fédérale de l'automne 1988, provoquant l'élection de quelques députés libéraux. Ils augmentèrent sensiblement d'intensité en décembre 1988, dans la foulée de la décision du Québec de se soustraire au jugement de la Cour suprême sur la loi 101, relativement à la langue de l'affichage. Le gouvernement du Manitoba invoqua même ce geste pour retirer son appui à l'Accord du lac Meech.

Si les rivalités régionales sont normales dans un régime fédéral, il est quand même révélateur de constater que, dans les Prairies, le Québec demeure la cible favorite, alors que l'Ontario profite objectivement davantage du fédéralisme. Par ailleurs, force est de constater que malgré les très voyants CF-18, la province française ne fut pas mieux traitée globalement que les trois provinces centrales. Ces dernières années, le gouvernement fédéral a consacré beaucoup d'argent pour aider les agriculteurs en difficulté dans cette région du pays; à grands frais, il y a sauvé de la faillite des institutions financières en difficulté.

Version moderne du vieil antagonisme français-anglais? Sûrement. Mais pourquoi surtout dans les Prairies, et à ce moment-ci? L'escalade de l'irritation à l'égard du Québec suivait un débat très médiatisé, au printemps et à l'été 1988, sur l'imposition du bilinguisme à la Saskatchewan et à l'Alberta. Par ailleurs, c'est dans la province formellement bilingue du Manitoba que s'est exprimée l'opposition la plus profonde à la reconnaissance du Québec comme société distincte, de la part de personnalités politiques mais aussi au sein des communautés locales.

Il est difficile de ne pas faire le lien entre ces réactions au Manitoba et la redécouverte par le système judiciaire canadien en 1979 — juste avant le référendum québécois — que cette province massivement anglophone n'avait jamais cessé légalement d'être bilingue. L'*Establishment* politique canadien avait alors unanimement applaudi à cette «victoire tardive, mais combien méritée du bilinguisme». On fit mine d'oublier que la population manitobaine, dans sa grande majorité, ne partageait visiblement pas cet enthousiasme.

L'Ouest est maintenant anglophone, la dualité canadienne y étant symbolique depuis l'échec de Riel. L'enracinement historique de francophones, dans cette région du pays, de même que la présence du Québec dans la fédération canadienne, y rendent indispensables le bilinguisme sur le plan fédéral. Cela ne peut faire oublier que la dualité canadienne n'a plus, dans la réalité à l'ouest de l'Ontario, les assises suffisantes pour justifier le bilinguisme sur le plan provincial.

Il n'est donc pas surprenant qu'une telle extension du bilinguisme au niveau provincial soit considérée par plusieurs comme une futile tentative de réécriture de l'histoire, comme une agression non-provoquée du Québec. Un Québec qui, vu de l'Ouest, demeure unilingue français et veut se faire reconnaître comme société distincte, tout en continuant d'exercer à Ottawa une influence dont on ne peut que rêver à Winnipeg.

La nature humaine étant ce qu'elle est, les nuances tombent alors rapidement. On passe du bilinguisme provincial au bilinguisme fédéral. Des mesures indispensables, comme la loi fédérale sur les langues officielles puis la reconnaissance de la spécificité québécoise, sont remises en question. Et cela, non plus seulement dans les Prairies, mais dans l'ensemble du Canada anglais.

Il y a là un cercle vicieux qui augmente les tensions entre l'Ouest et le Québec, deux régions n'ayant jamais eu autant d'intérêts communs;

cela fait également monter le niveau d'animosité entre le Canada anglais en général et le Québec. Dans ce contexte, il n'est malheureusement pas assuré, comme on veut le faire croire, que certaines réactions farouchement anti-québécoises proviennent de dinosaures inexorablement voués à l'extinction.

Est-il vraiment souhaitable qu'une province à 97% anglophone comme la Saskatchewan devienne bilingue? Que des politiciens sérieux en soient réduits, là-bas, à affirmer que la prochaine génération parlera le français? N'est-il pas inquiétant que l'on ne soit plus capable de voir — que l'on ne veuille plus voir — qu'une population massivement anglophone et éloignée du Québec, ne peut pas devenir bilingue, au-delà de certaines limites? Et qu'en est-il de l'envers de la médaille, du fait que le bilinguisme institutionnel au niveau provincial serait ressenti par la majorité de la population québécoise comme une agression de première grandeur?

Il sera difficile d'atténuer, même légèrement, l'idéalisme canadien. Cela obligerait les Canadiens et les Québécois à affronter de pénibles réalités qu'ils ont soigneusement évitées jusqu'à aujourd'hui.

UN CANADA ANGLAIS QUI SE CACHE

Le Canada anglais? C'est la torpeur sophistiquée de Victoria, ces agriculteurs de la Saskatchewan craignant que le libre-échange n'entraîne le démantèlement de la Commisssion canadienne du blé. Les Terre-Neuviens, eux, se sentent exploités par le Québec en matière hydro-électrique, mais ils n'ont nul besoin de dessin pour comprendre ce qu'est une société distincte. Le Canada anglais, vous le trouverez dans ce Toronto multiculturel, où règne plus que jamais la vieille éthique protestante du travail.

Le Canada anglais, ce sont aussi toutes ces élites qui se sont mises au français, souvent avec enthousiasme. Incontestablement, le bilinguisme a changé le pays. Le Canadien idéal — Trudeau, Mulroney — parle non seulement l'anglais et le français, mais il participe pleinement aux deux cultures. Au sein des élites canadiennes, le bilinguisme n'est plus réservé comme autrefois aux francophones; de plus en plus, il constitue un prérequis pour entrer dans les cercles dirigeants du pays. Manifestement, il y a de l'avenir pour cette minorité influente, dans un Canada qui a besoin d'un pont entre francophones et anglophones. Au départ, il y a là une belle victoire des Québécois.

Il n'en fallait pas tant pour que d'aucuns oublient qu'un pont n'a de signification qu'en fonction des deux rives qu'il relie. L'effet de la Conquête aidant, l'accessoire en vint chez eux à remplacer le principal. Le Canada anglais n'existe plus; la société distincte québécoise est dépassée. Ne subsiste plus qu'un Canada, où les Canadiens parlent anglais ou français, et bientôt anglais et français. On oublie que ce n'est pas le bilinguisme qui a fait le pays, que ce n'est pas lui non plus qui assurera sa survie et qu'il peut même contribuer à le détruire.

À certains moments cruciaux, les Canadiens anglais ont été les meilleurs alliés des Québécois. Des Loyalistes qui se joignirent aux anciens Canadiens dans les années 1770, jusqu'à ces anglophones unilingues et obstinés qui insistèrent, en 1981, pour qu'on insère dans la nouvelle Charte canadienne des droits la clause nonobstant. En passant par les réformistes de Robert Baldwin s'alliant à Louis-Hyppolite Lafontaine dans les années 1840, pour réparer le gâchis de l'Union.

Le Canada anglais existe encore, mais il se sent fragile; anémié, il vacille. On l'a bien vu lors de la campagne électorale de 1988, quand il se mit à exprimer tout haut, devant un Québec ahuri, sa peur viscérale du libre-échange avec les États-Unis. La manifestation habituelle de la difficulté d'exister du Canada anglais consiste en son refus de s'afficher, problème exactement inverse d'une identité québécoise misant exagérément sur l'image. L'un répond à l'autre, et cela n'a rien de fortuit: une cohabitation vieille de deux siècles laisse forcément des traces.

Par définition, l'identité canadienne-anglaise est anti-américaine. Pas surprenant qu'une société canadienne-anglaise très américanisée ne se reconnaisse plus le droit d'exister seule, de se montrer sans son maquillage bilingue et multiculturel. Si les Québécois comme collectivité en sont restés à la Conquête de 1760, le Canada anglais, lui, ne s'est jamais remis de la défaite des Loyalistes, quinze ans plus tard, aux mains des Américains. Cette défaite, il la revit tous les jours, dans son quotidien.

Dans les milieux nationalistes anglophones, on se montre donc inquiet des conséquences politiques d'une libéralisation croissante des échanges avec les États-Unis. La tranformation de la campagne électorale de 1988 en un émotif référendum sur le sujet n'a confondu que ceux ayant oublié que le phénomène national est en grande partie psychologique. Il ne suffisait manifestement pas de convaincre les Canadiens anglais des bénéfices économiques du libre-échange. Et ce n'est pas uniquement parce qu'ils croyaient en de telles retombées positives que les Québécois francophones réagirent différemment à l'enjeu.

Les nationalistes canadiens-anglais ressentent, quant à la survie de leur identité, une peur ressemblant fort à celle des nationalistes québécois. Ceux-ci redoutent l'assimilation par les anglophones; ceux-là ne veulent pas devenir Américains. Les deux ont une peur bleue de disparaître. Jusqu'à présent, l'intensité même de cette double angoisse les a rendus incapables de réaliser à quel point ils ont besoin l'un de l'autre pour survivre. C'est le drame du Canada depuis toujours: à cause des séquelles de la Conquête, le lien ne se fait pas, ou se fait mal.

C'est ainsi que le nationalisme québécois est resté imperturbable dans son appui au libre-échange, sans réaliser que la crainte de l'américanisation éprouvée par les nationalistes canadiens-anglais rejoignait ses peurs à lui: un dérapage de l'entente avec les États-Unis transformerait quelque peu les Québécois en Franco-Américains. Pendant ce temps, le Canada anglais, en revenant sur son appui à l'Accord du lac Meech, scie la branche sur laquelle il est assis, inconscient de ce que l'identité québécoise est vraiment à bout. La hantise de disparaître s'accentue au sein des deux groupes. L'incompatibilité s'accroît entre leur volonté de vivre et leur aptitude à se reconnaître, différent, l'un au sein de l'autre: le Québec dans le Canada, le fait anglais dans la société québécoise.

Le Canada a toujours souffert d'un problème d'identité, que plusieurs attribuèrent à son caractère binational. Il fallait bâtir un vrai pays, créer une véritable nation canadienne. Pourtant, le Canada n'est pas un pays normal et il ne le sera vraisemblablement jamais; voilà, comme on dit, son destin. Le caractère binational du pays, loin d'avoir été sa faiblesse, fut toujours ce qui faisait véritablement sa force.

C'est en travaillant à devenir des «pays normaux» aux dépens l'un de l'autre, que le Canada et le Québec se détruisent. Ce qui les affaiblit tous les deux, ce qui porte à de nouveaux sommets l'américanisation des anglophones et accentue l'assimilation des francophones, c'est l'incapacité de dépasser la Conquête. C'est l'une des raisons qui expliquent pourquoi le XXe siècle, malgré les souhaits de Laurier, n'aura définitivement pas été le siècle du Canada.

Il apparaît de plus en plus clair que les idées du leader du *French power*, en autant qu'elles visaient à prolonger l'effet de la Conquête, ont eu beaucoup de succès auprès d'une nouvelle génération d'hommes et de femmes politiques du Canada anglais. Les opposants les plus farouches à la reconnaissance des effets politiques de la spécificité québécoise sont souvent jeunes et bilingues; ils se présentent comme les défenseurs des francophones hors-Québec, des Anglo-Québécois, des femmes, des groupes ethniques, de tous ces Canadiens «qui ne doivent pas devenir des citoyens de seconde zone».

Ces disciples de Pierre Elliott Trudeau ne sont pas opposés, à les en croire, à la reconnaissance du Québec comme société distincte. Ils veulent juste améliorer un accord comme celui du lac Meech. En demandant aux gouvernements, non seulement de protéger, mais aussi de promouvoir leurs minorités linguistiques; en précisant que la Charte canadienne des droits a préséance sur la clause de société distincte. Qui peut être contre les droits de la personne? les droits des minorités?

C'est évidemment leur inspirateur qui donne le sens de ces interventions: la spécificité québécoise ne doit pas avoir de conséquences politiques. Or, il serait dans l'intérêt même du Canada qu'elle en ait, si ce n'était une question de justice, une question d'honneur vis-à-vis un Québec qui fit confiance au reste du pays en 1980.

Jusqu'à quel point le Canada anglais existe-t-il encore? Le fait que la simple reconnaissance du Québec comme société distincte prenne pour certains des allures de traumatisante mini-séparation, en dit long sur la difficulté du Canada anglais à affronter seul la réalité de son américanisation. Au cours des années 60, les Canadiens anglais posaient souvent la même question aux Québécois: "*What does Quebec want?*" Un peu modifiée, la question doit leur être retournée: «Qu'est-ce que le Canada anglais?»

CHAPITRE 10

Le défi québécois

La nouveauté dans l'Accord du lac Meech, c'était la brèche ouverte dans l'effet principal de la Conquête. On reconnaissait que le Québec constituait une société distincte et que cela avait des effets politiques. Le gouvernement du Québec n'avait que le devoir de protéger la dualité canadienne sur son territoire, alors qu'il devait non seulement protéger, mais aussi promouvoir chez lui la société distincte québécoise. Sur le plan politique, tout était là.

Le lendemain de la conclusion de l'accord, une caricature du *Toronto Star* montrait un drapeau canadien avec neuf feuilles d'érable et une fleur de lys au milieu. L'image valait mille mots: la reconnaissance était minimale, mais elle y était. Trudeau ne s'y trompa pas, qui n'aurait de cesse que lorsque l'accord serait mort et enterré. Pour le reste, à l'image du Canada, l'entente était superbement imparfaite et ambiguë, première manifestation depuis longtemps du pragmatique esprit de compromis qui fut toujours la base du Canada dans ce qu'il eût d'opérationnel.

Tant critiquée, la judiciarisation du système aurait vraisemblablement profité à la société québécoise, en lui évitant de définir tout de suite ce qu'elle serait devenue plus tard. Ces temps-ci, une telle définition sacrifierait trop la spécificité québécoise à l'autel de l'image française, pour le plus grand danger de la langue française elle-même. Les juges ne sont ni des extra-terrestres ni des purs esprits: les interprétations d'un texte constitutionnel subissent forcément l'influence d'une réalité en évolution. En ce sens, l'Accord du lac Meech aurait été ce que les Québécois et les Canadiens en auraient fait.

On eut une bonne démonstration de ce phénomène en décembre 1988, à l'occasion du jugement de la Cour suprême sur la loi 101. On décida alors que le Québec avait la possibilité d'imposer la nette prédominance du français, à condition que l'on ne prohibe pas l'anglais. Peu de gens notèrent que ce jugement correspondait à l'esprit d'un Accord du lac Meech ne faisant pourtant pas partie de la constitution canadienne. Visiblement, les juges furent influencés par les débats en cours et les consensus qui semblaient se dégager sur le plan politique.

Ils prirent pour acquis que l'Accord du lac Meech serait ratifié, que le bon sens et le respect de la parole donnée l'emporteraient. À partir du moment où ce n'est pas le cas, quel autre choix auront-ils que d'interpréter la Constitution telle que réécrite par Trudeau en 1982, sur la base des droits individuels et du bilinguisme institutionnel d'un océan à l'autre? Un temps, les jugements seront sans doute contradictoires, mais c'est vers là que l'on ira, dans l'esprit d'un système volontairement incompatible avec la spécificité de la société québécoise et ayant constitutionnellement préséance sur elle.

Or, au Québec, placer systématiquement les deux langues sur le même pied est quelque chose de fondamentalement différent de la possibilité pour la réalité anglaise de se montrer au sein d'une société française. Vu sous le seul angle des droits individuels, la simple imposition par le Québec de la prédominance du français est discriminatoire, car elle laisse entendre qu'un francophone est supérieur à un anglophone.

Heureusement, reste la clause nonobstant, elle aussi partie de la Constitution. Le jugement de la Cour suprême sur l'affichage facilita l'usage de cette disposition, au bénéfice de tout le monde. Cela permit d'éviter le pire: la collision frontale entre le Québec français de la loi 101 et le Canada bilingue du *French power*. Il y eut un grand fracas, quelques frissons et des dégâts, comme lorsque deux grands vaisseaux se frôlent d'un peu trop près dans la nuit.

Les Québécois et les Canadiens doivent reconnaissance au bon sens anglo-saxon de ces premiers ministres de l'Ouest qui insistèrent, en 1981, pour l'inclusion de cette «imperfection» dans la belle Charte canadienne des droits. La vieille tradition britannique — la vieille tradition québécoise — de la souveraineté du Parlement n'était pas si mauvaise. Car le ressentiment de beaucoup de Canadiens anglais à la suite de l'utilisation par le Québec de la clause dérogatoire, n'est rien en comparaison de ce qu'aurait déclenché au Québec, en décembre 1988, la fin officielle du visage exclusivement français de la province.

En théorie, la clause nonobstant confère au Québec un pouvoir formidable, lui permettant de se soustraire à l'essentiel de la Charte constitutionnelle des droits. Le reste du pays s'entendrait-il pour abolir la disposition, qu'il serait possible selon certains pour le Québec de conserver le nonobstant pour lui tout seul[1]. Paradoxalement, ce jugement de la Cour suprême, que la plupart des Québécois francophones ont vécu comme un deuil, constitua peut-être leur plus grande victoire depuis le référendum: les compétences du seul gouvernement qu'ils contrôlaient furent consolidées. Surtout que leur premier ministre, Robert Bourassa, fut assez fort pour saisir sans tarder le nonobstant renforci, au nom de la collectivité qu'il représentait.

La clause dérogatoire permet le maintien du visage exclusivement français de la province, ce que n'aurait vraisemblablement pas permis le seul Accord du lac Meech, en admettant même qu'il ait eu des conséquences politiques. Il est tentant pour les Québécois de ne pas pleurer longtemps l'échec anticipé de l'entente. Ne détient-on pas la possibilité de paralyser le système au plan constitutionnel? Par la bande, n'aurait-t-on pas récupéré le veto?

C'est à ses risques que le Québec oubliera qu'il ne peut plus empêcher les dix autres gouvernements canadiens de changer les règles du jeu, quand ils y tiennent. La démonstration en fut faite de façon éclatante en 1982, lorsque l'on rapatria et modifia la Constitution sans l'assentiment du gouvernement québécois, en y insérant ce nonobstant dont on se prévaut maintenant. Mais surtout, le Québec reste vulnérable parce qu'à maintes reprises il a démontré sa difficulté à exercer son pouvoir sous le regard désapprobateur de l'«Anglais». Or, la clause nonobstant ne peut être exercée que sous le regard de plus en plus désapprobateur du reste du pays et d'une partie de l'identité québécoise elle-même. Si le passé est garant de l'avenir, la clause dérogatoire se retournera implacablement contre un Québec qui l'utilisera trop souvent. Clause boomerang...

Elle demeure une indispensable police d'assurance à conserver, un en-cas dissuasif et défensif. Cependant, seule la reconnaissance par le reste du pays des conséquences politiques de la spécificité québécoise permettrait à la société québécoise de s'épanouir vraiment, au lieu d'en être réduite à se défendre, de façon toujours plus inefficace et régressive. L'indépendance même nécessiterait la reconnaissance de l'environnement géopolitique nord-américain.

Cette reconnaissance rencontre de formidables obstacles, même dans une version minimale comme l'Accord du lac Meech. Qui connaît un peu le Québec sait qu'il lui est impossible d'aller plus loin. Quand on aura officiellement enterré l'Accord du lac Meech, l'impasse deviendra complète: il n'y aura plus de solution politique. Déjà, la ratification aujourd'hui[2] de l'accord n'aurait plus le même impact qu'il y a un an. Tout ce qui traîne se salit, et l'entente a beaucoup trop traîné.

Car une constitution représente davantage qu'un texte légal, de sibyllins alinéas sur lesquels se penchent des experts compassés. Une constitution, c'est aussi un ensemble de symboles, de valeurs et d'émotions, qui «font» un pays. Au Canada, il ne semble pas que la société québécoise fasse partie de cet ensemble-là. On le saura officiellement le 23 juin 1990, la veille de la Saint-Jean-Baptiste.

Il est impossible de résoudre un problème que l'on ne voit pas. À tout le moins, l'interminable agonie de l'Accord du lac Meech pourrait servir de révélateur du véritable problème et de sa gravité: éclatante démonstration de la dépendance du pays à l'égard de la Conquête. Et si le problème s'avérait de plus en plus incontournable et insoluble? Au fond du cul-de-sac, pourquoi ne pas le regarder un moment en face. Qui sait ce qui en ressortirait?

Mais ce serait se leurrer beaucoup que de sous-estimer chez plusieurs l'impérieux besoin de ne pas voir. Un nombre croissant de Québécois se remettent à rêver d'indépendance. La plupart des Canadiens anglais, eux, parient sur la normalisation tranquille de «la Belle Province». Certains d'entre eux, parmi les mieux disposés, soutiennent qu'il n'y aurait pas de délai pour ratifier l'accord, ce qui priverait le pays du bénéfice d'un échec à tout le moins franchement reconnu.

La vie continue. Au Canada et au Québec, on est tellement habitué à ce genre de crise; on a si souvent crié «Au loup!» sans que rien de bien grave ne survienne par la suite. La grande majorité des Canadiens et des Québécois croient que tout cela, au fond, n'est pas si tragique et qu'en tout cas, le pays demeure définitivement à l'abri d'un certain type de dérapage.

Dangereuse illusion! Il y a déjà, dormants, plusieurs des éléments prérequis à ce dérapage dont aucune société n'est à priori exemptée: l'histoire peut se révéler tragique pour tout le monde. Le bref intermède felquiste resta sans lendemain à cause de la vigoureuse réaction de Trudeau, mais aussi parce que le Parti québécois naissant s'avéra en mesure de canaliser les énergies et les frustrations des apprentis terroristes. Or, au-delà de l'Accord du lac Meech, il n'existe plus en 1989 de solution politique à l'horizon.

Le reste du pays devra assumer la responsabilité de son rejet de l'accord. Il serait cependant trop facile pour les Québécois de se laver les mains de l'affaire. Ce serait oublier un peu vite que, si le Québec est incapable de se faire reconnaître comme société distincte, c'est également parce que la plupart des nationalistes québécois n'ont appuyé l'accord que du bout des lèvres, quand ils l'ont appuyé. La formidable énergie que constitue le nationalisme au Québec a peu joué en faveur de l'entente du lac Meech: certains messages n'ont pas été envoyés au reste du pays, lorsqu'il l'aurait fallu. L'on aspirait plus à une société entièrement française, et si possible indépendante, qu'à une société distincte au sein du Canada.

L'on a donc vu certains des membres les plus respectés de l'intelligentsia dévaluer, et même ridiculiser, ce succès incontestable du Québec sur le plan intergouvernemental canadien: «En être réduit à une société distincte...» On s'est troublé de ce que, pour contrôler le pouvoir de dépenser d'Ottawa dans les champs de compétence provinciaux, il fallait mentionner un pouvoir qui s'exerce depuis soixante ans. Sous les objections techniques ou juridiques, la grande faille de l'accord pour plusieurs, c'était qu'il impliquait une reconnaissance du Canada. Pas étonnant que l'échec escompté de l'entente ne déplaise pas à tous. Le Québec n'a rien signé; il ne reconnaît pas la Constitution; il ne fait pas vraiment partie du Canada. L'avenir est préservé.

Pendant ce temps-là, le pouvoir fédéral de dépenser peut continuer de s'exercer, sans contrôle, dans les domaines exclusifs de compétence du Québec. Pendant ce temps-là, l'intégration de la société québécoise au sein du Canada s'accentue tous les jours dans d'innombrables facettes de la vie concrète, et ce sur la base de la négation des conséquences politiques de la spécificité québécoise. Pendant ce temps-là, le solennel refus du Québec n'a aucune conséquence juridique sur une constitution canadienne qui lui reste intégralement applicable, y compris la clause nonobstant.

Pendant ce temps-là enfin, l'on n'essaie pas d'exorciser certains des démons qui hantent le Québec depuis plus de deux siècles et hypothèquent son avenir, quel qu'il soit. On ne tente pas d'intégrer le fait qu'il y eût Conquête et que l'on ne pourra revenir là-dessus, afin que la Conquête cesse de produire de nouveaux effets pervers et que Jean Chrétien ne devienne pas en même temps premier ministre du Canada et *John Chretien*. On ne fait pas le deuil d'un certain Québec qui aurait pu être, pour que le Québec qui est prenne son envol.

Comment transformer en avantage la peur de disparaître qui est au cœur de l'identité québécoise? Comment penser un peu «l'impensable»? On serait alors capable d'évaluer mieux les risques réels d'assimilation et surtout de folklorisation, d'y réagir efficacement. On saurait aussi quand le pouvoir de l'image est en train de dégénérer en image de pouvoir. Et, de façon générale, on gérerait mieux le pouvoir québécois.

Non sans raison, les Québécois francophones sont inquiets quant à leur avenir collectif. Cependant, ils ont beaucoup appris depuis 1960.

Ils ont été confrontés à tant de nouveautés, ils se sont débattus dans tellement de contradictions que bon nombre d'entre eux aspirent maintenant à une synthèse. Ils sentent bien qu'il n'existe pas de recette miracle et qu'on ne refera ni 1970, ni 1976, ni 1980. Par ailleurs, au-delà des rêves, des idéologies et des dogmes, les Québécois peuvent faire preuve de beaucoup de lucidité quant à leur situation géopolitique et aux enjeux en découlant. Ce à quoi ils tiennent avant tout, c'est de vivre en français et à ce que cesse définitivement une certaine forme d'arrogance anglo-saxonne à leur égard. Pour le reste, sous le pessimisme ambiant, la société québécoise est peut-être plus prête qu'on ne le pense à élaborer de nouveaux consensus et à refaire à nouveau des enfants.

On peut penser qu'il serait naïf, voire masochiste, pour le Québec de se déchirer en reconnaissant sa composante canadienne, alors que l'autre versant du problème subsiste et que le reste du pays tient mordicus à nier les conséquences politiques naturelles de la spécificité québécoise. C'est incontestablement un argument puissant pour s'en tenir au *statu quo*, en attendant que le Canada anglais entende raison ou que l'indépendance ne se fasse.

On peut penser également que le problème du Canada ne saurait dispenser le Québec d'affronter le sien propre et qu'au contraire, il ressortirait renforcé de ce difficile exercice, en mesure d'imposer au reste du pays une relation fondamentalement différente. Une telle démarche indépendante n'aboutirait pas forcément à l'indépendance formelle, mais elle serait plus porteuse d'avenir que certains vœux pieux dont les peuples se servent d'ordinaire pour camoufler leur impuissance.

Le défi serait grand, à la mesure du Québec.

Dans le sillage de l'échec de l'Accord du lac Meech, ce serait une erreur magistrale que d'abandonner ce concept politique d'une société distincte intrinsèquement française, avec une part anglaise. Utilisée, développée, enrichie, cette notion devrait s'avérer féconde sous de multiples plans et à des degrés insoupçonnés. Sa grande force est de coller à la réalité du Québec contemporain, tout en restant dynamique et ouverte sur l'avenir. En comparaison, le rigide Canada officiel issu des vingt-cinq dernières années apparaît vieilli avant l'âge, trop décalé par rapport à la réalité du pays pour être en mesure d'en garantir la survie.

CHRONOLOGIE 1759-1791

-été 1759: incendie par les Anglais des paroisses de la région de Québec.

-septembre 1759: *bataille des plaines d'Abraham: capitulation de Québec.*

-octobre 1759-juin 1760: suspension par la France du paiement des lettres de changes.

-8 mai 1760: décès du dernier évêque du régime français, Mgr de Pontbriand.

-21 août 1760: incendie de Sorel et des environs par le brigadier James Murray.

-8 septembre 1760: *capitulation de Montréal et de la Nouvelle-France. Liberté de religion accordée. Début de la loi martiale; Murray gouverneur militaire de Québec.*

-4 février 1762: *Te Deum* dans les églises canadiennes en l'honneur du roi d'Angleterre, George III.

-1762: don de 20 livres de Murray à Briand.

-22 novembre 1762: fin de la guerre de Sept Ans.

-10 février 1763: *traité de Paris qui cède le Canada à l'Angleterre (l'article 4 ne garantit plus la liberté de religion).*

-15 septembre 1763: tentative d'élection de Mgr Montgolfier comme chef de l'Église canadienne. Veto de Murray.

-7 octobre 1763: Proclamation royale niant les droits civils, politiques et religieux des Canadiens.

-1763-1764: insurrection du chef indien Pontiac.

-10 août 1764: *entrée en vigueur de la Proclamation royale; Murray premier gouverneur civil; fin de la loi martiale. Débuts du* French Party.

-11 septembre 1764: élection de Briand par le chapitre ecclésiastique de Québec comme chef de l'Église canadienne.

-automne 1764-automne 1765: séjour de Briand à Londres.

-septembre 1764: Murray réorganise l'administration de la justice, écartant en partie la Proclamation royale.

-octobre 1764: pétition des Canadiens contre la Proclamation royale.

-1764: première publication de la *Gazette de Québec* (bilingue).

-10 juin 1765: les dispositions anti-catholiques du Code pénal anglais sont déclarées non applicables aux Canadiens.

-21 janvier 1766: bulle pontificale autorisant la nomination d'un évêque de Québec.

-16 mars 1766: Briand sacré évêque en France.

-28 juin 1766: retour de Briand à Québec en tant qu'évêque; départ définitif de Murray pour Londres.

-été 1766: Carleton deuxième gouverneur du Canada.

-1772: circulaire de Mgr Briand sur l'interdiction d'aider les déserteurs.

-1774: *l'Acte de Québec reconnaît le droit civil français et le catholicisme, étend les frontières de la province de Québec.*

-21 octobre 1774: protestations des colonies américaines contre l'Acte de Québec.

-1 mai 1775: entrée en vigueur de l'Acte de Québec

-1775-1776: première invasion américaine du Canada; début de l'arrivée des Loyalistes: naissance du Canada anglais.

-juin 1778: départ de Carleton; arrivée du troisième gouverneur du Canada, Haldimand.

-1780: Briand obtient la nomination d'un évêque-coadjuteur.

-1784: les catholiques irlandais acquièrent pour la première fois le droit de posséder des terres.

-1786: retour de Carleton comme gouverneur pour la deuxième fois, sous le nom de lord Dorchester. Briand cesse d'être évêque. Fin du *French Party*.

-14 juillet 1789: début de la Révolution française.

-10 juin 1791: *Acte constitutionnel instituant une Assemblée élective et créant le Bas et le Haut-Canada: débuts de la nation canadienne.*

NOTES

INTRODUCTION

1. Dans ce livre, l'expression «provincialisme» fait référence à ce qui découle du fait que l'entité politique fondamentale au Canada est celle de province, les provinces étant égales en statut.

CHAPITRE 1

1. Proclamation de Wolfe, 27 juin 1759, telle que citée par Michel Brunet in *La présence anglaise et les Canadiens*, Beauchemin, Montréal, 1958.

2. *Id.*, p. 42.

3. Cité par Lionel Groulx, *Lendemains de Conquête*, Stanké, coll. «10 X 10», Montréal, 1977, p. 127-128.

4. «... to describe it is really beyond my powers and to think of it is shocking to humanity.» Cité par Mason Wade, in *The French Canadians, 1760-1968*, vol. 1, MacMillan, Toronto, 1968, p. 48.

5. «I cannot be the witness to the misery of a people I love and admire (...) I cannot be the instrument of destroying perhaps the best and bravest race on this globe.» Cité par Mason Wade, *ibid*, p. 56.

6. La population de la France était à l'époque de 20 millions de personnes, alors qu'il n'y avait que 65,000 habitants en Nouvelle-France. La population de l'Angleterre était de 8 millions de personnes, alors que les colonies américaines avaient 1,500,000 habitants.

7. Marjorie G. Reid, «Pitt's decision to keep Canada in 1761», in Cameron Nish, *The French Canadians 1759-1766*, Copp Cark Publishing Company, Montréal, 1966, p. 21-24. Une des raisons qui aurait fait opter le premier ministre anglais pour la conservation du Canada aurait été rien de moins que l'offre non sollicitée de la France de le céder. À la Nouvelle-France, Paris préféra la Guadeloupe.

8. Rappelons que les Canadiens, sous le régime très militarisé de la Nouvelle-France, avaient une réputation militaire exceptionnelle qui en faisait la terreur des Bostonnais.

9. «Pour les Canadiens, c'était un cataclysme dont l'esprit ne pouvait saisir l'ampleur.» Kenneth D. Mc Rae, «The structure of Canadian History», cité par Louis Hartz, in *The Founding of New Societies*, New York, 1964, chapitre 7, p. 231.

10. «The history of the world don't furnish an instance of so rash and injust an act by any conqueror whatsoever.» Cité in Cameron Nish, *The French Canadians 1759-1766. Conquered? Half-Conquered? Liberated?*, Copp Clark Publishing Company, Montréal, 1966, p. 75.

11. «The most immoral collection of men I ever knew.» *Id.*, p. 121. «The poor mercantile devils.» *Id.*, p. 86.

12. On pense entre autres à deux des leaders du Parti canadien au début du XIXᵉ siècle, Papineau et Nelson.

13. Archives publiques du Canada, Documents relatifs à la Constitution du Canada, vol. 1, *Capitulation de Montréal*, art. 27 et 30.

14. Archives publiques du Canada, «Documents relatifs à la Constitution du Canada, vol. 1», *Traité de Paris.*

15. Il existe une querelle célèbre entre historiens québécois (Hamelin/Ouellet/Nish/Brunet/Frégault) sur le point suivant: en 1760, y avait-il en Nouvelle-France une bourgeoisie commerçante que la Conquête aurait ruinée, en la coupant de ses sources d'approvisionnement et de ses contacts en France. L'essentiel pour notre propos est que tous admettent qu'il n'y eût pas, après 1763, de bourgeoisie canadienne forte.

16. Cité par Neatby Hildo, «Jean Olivier Briand, a minor Canadian» in Cameron Nish, *the French-Canadian 1759-1766*, Copp. Clark Publishing Company, Montréal, 1966, p. 110.

17. «There is nothing to fear from them, while we are in astate of prosperity, and nothing to hope for, while in distress», cité par Mason Wade, in *The French-Canadians 1760-1968*, vol. 1, MacMillan, Toronto, 1968, p. 69.

CHAPITRE 2

1. BINGAY, JAMES, *History of Canada for High Schools*, Thomas Nelson ans Sons, Toronto, 1934.

2. Menée par les prêtres.

3. LÉGER, JULES, *Textes et réflexions sur le Canada*, La Presse, Montréal, 1982, p. 77.

4. Selon un sondage publié le 25 juin 1988 dans le quotidien montréalais *Le Devoir,* 49% des francophones au Québec s'indentifiaient avant tout comme Québécois, 39% avant tout comme Canadiens français et 11% surtout comme Canadiens.

CHAPITRE 3

1. Voir en particulier à ce sujet A.I. Silver, *The French-Canadian Idea of Confederation*, University of Toronto Press, Toronto, 1982.

CHAPITRE 5

1. L'utilisation de ces qualificatifs de «bon anglais» et de «mauvais anglais» vise essentiellement à démarquer les attitudes positives ou négatives à l'égard des conséquences politiques de la spécificité québécoise.

CHAPITRE 6

1. Brian Faye «The ponderous Chartres Cathedral of the slums», in *A Guide to Jack Kerouac's Lowell*, Corporation for Celebration of Kerouac in Lowell, 1988, p. 48.

2. «I fully admit that the English language is bound to be the language of this country, and no man in his senses will deny it.» Ulric Barthe, *Wilfrid Laurier on the platform*, Turcotte/Ménard, Québec, 1890, p. 310.

3. Source: Département américain du Commerce, Bureau du recensement, Recensement de la population en 1980: origine ethnique de la population. Cité par Gérard J. Brault, *The French-Canadian Heritage in New England*, McGill Queen's University Press, Montréal, 1986, p. 192.

4. Voir à ce sujet le poignant livre de David Plante, *The Country*, Atheneum, New York, 1981, 160 pages.

5. À ce sujet, voir Lachapelle, Réjean, et Henripin, Jacques, *La situation démolinguistique au Canada*, en particulier le chapitre 8 «Du possible au plausible», L'Institut de recherches politiques, Montréal, 1980.

6. Voir en particulier à ce sujet, Tonu Parming, *The Nature of Ethnic Identity*, thèse de doctorat, Université Yale, 1976. Ce travail a été complété trois ans plus tard par Linda Cheug Meeyan, *Modernization and Ethnicity: the Divergence Model*, thèse de doctorat, Université du Maryland, 1979.

CHAPITRE 7

1. Voir à ce sujet Fasold Ralph, *The Sociolinguistics of Society*, Basil Blackwell, Oxford, 1984, p. 213 et suivantes.

CHAPITRE 8

1. «Nation Building», expression sans véritable traduction française, fait référence à une évolution du fédéralisme qui va dans le sens de l'augmentation des pouvoirs du gouvernement fédéral, au détriment de ceux des gouvernements provinciaux. «Province Building» est employé pour décrire le processus inverse.

2. L'expression «Provinces de l'Ouest» inclut les quatres provinces à l'ouest de l'Ontario, y compris la Colombie britannique. «Provinces des Prairies» ne comprend que le Manitoba, la Saskatchewan, et l'Alberta.

3. Voir plus particulièrement au sujet de l'affaiblissement du régionalisme dans les Prairies l'intéressante thèse de Roger Gibbins, politicologue à l'Université de Calgary: *Prairies Politics and Societies: Regionalism in Decline*, Butterworths, Toronto, 1982.

4. L'expression française de «politique nationale» ne rend pas le contenu nationaliste du concept pour les Canadiens anglais.

5. Pendant des décennies, vécut dans ce «mille carré doré» au centre-ville ouest de Montréal, une grande bourgeoisie d'affaires qui ne le cédait en pouvoir et en opulence qu'à Londres, dans tout l'Empire britannique.

CHAPITRE 9

1. Il est toujours allé de soi que le premier ministre du pays devait être capable de parler anglais.

CHAPITRE 10

1. Il n'y a pas unanimité des experts constitutionnels sur ce point important.

2. Ces lignes sont écrites en août 1989.

BIBLIOGRAPHIE

ALMANACH DE LA LANGUE FRANÇAISE, ACF, Montréal, 1937.

ARCHIVES PUBLIQUES DU CANADA, «Documents relatifs à la constitution du Canada, vol. 1.»

ARNOPOULOS, SHEILA MCLEOD, *Hors du Québec, point de salut?*, Libre Expression, Montréal, 1982.

ATWOOD, MARGARET, *Survival — a Thematic Guide to Canadian Literature*, Anansi, Toronto, 1972.

BALTHAZAR, LOUIS, *Bilan du nationalisme au Québec*, l'Hexagone, Montréal, 1986.

BARTHE, ULRIC, *Wilfrid Laurier on the Platform*, Turcotte/Ménard, Québec, 1890.

BERTON, PIERRE, *Why We Act Like Canadians?*, Penguin Books Canada, Markham, 1987.

BINGAY, JAMES, *A History of Canada for High Schools*, Thomas Nelson and Sons, Toronto, 1934.

BEAULIEU, VICTOR-LÉVY, *Jack Kérouac*, Stanké 10-10, Montréal, 1973.

BONENFANT, JEAN-CHARLES, «L'idée du fédéralisme en 1864», in *Culture XXV*, no 4, déc. 1964.

BRAULT, GÉRARD J., *The French-Canadian Heritage in New England*, McGill-Queen's University Press, Montréal, 1986.

BRETON, RAYMOND, REITZ, JEFFREY G., VALENTINE, VICTOR, *Les frontières culturelles et la cohésion du Canada*, Institut de recherches politiques, Montréal, 1981.

BRUNET, MICHEL, *La présence anglaise et les Canadiens*, Beauchemin, Montréal, 1958.

BRUNET, MICHEL, *Les Canadiens après la Conquête, 1759-1775*, Beauchemin, Montréal, 1969.

BRYM, ROBERT J. *Regionalism in Canada*, Irwin Publishing, Toronto, 1986.

CARTER, WENDY L., «What Makes B.-C. Thick: a Profile of British Columbia», Bureau fédéral de coordination du développement économique, Vancouver, avril. 1985.

CHARPENTIER, LOUISE, RENÉ DUROCHER et al, *Nouvelle histoire du Québec et du Canada*, Boréal, Montréal, 1985.

CHARTERS, ANN, *Kerouac, a Biography*, Phoenix Bookshop, 1973.

CHEUNG, LINDA MEE-YAN, *Modernization and Ethnicity: the Divergence Model*, thèse de doctorat, Université du Maryland, 1979.

CLARK, TOM, *Jack Kerouac*, Harcourt Brace Jovanovich, New York, 1984.

CLIPPINGDALE, RICHARD, *Laurier — his Life and World*, McGraw-Hill, Toronto, 1979.

CREIGHTON, DONALD, *The Story of Canada*, Macmillan of Canada, Toronto, 1959-1971.

D'AMBOISE, LOUISE, *Résumé de la pensée politique de Laurier et de Bourassa avec une bibliographie*, travail d'étudiant effectué sous supervision, Université Laval, été 1987.

D'AMBOISE, LOUISE, *Résumé de la vie de Laurier avec une bibliographie*, travail d'étudiant effectué sous supervision, Université Laval, été 1987.

D'AMBOISE, LOUISE, *La relation Laurier-Bourassa avec une bibliographie*, travail d'étudiant effectué sous supervision, Université Laval, été 1987.

D'AMBOISE, LOUISE, *Résumé de la vie d'Honoré Mercier avec une bibliographie*, travail d'étudiant effectué sous supervision, Université Laval, été 1987.

D'AMBOISE, LOUISE, *Résumé de l'Union avec une bibliographie*, travail d'étudiant effectué sous supervision, Université Laval, été 1987.

D'AMBOISE, LOUISE, *Résumé de la vie de Georges-Étienne Cartier avec une bibliographie*, travail d'étudiant effectué sous supervision, Université Laval, été 1987.

D'AMBOISE, LOUISE, *Bibliographie sur Louis-Hyppolite Lafontaine*, travail d'étudiant effectué sous supervision, Université Laval, été 1987.

DION, LÉON, *Québec 1945-2000, tome 1- À la recherche du Québec*, Les Presses de l'Université Laval, Québec, 1987.

DOFNY, JACQUES, *National and Ethnic Movements*, Sage Studies, Beverley Hills, 1980.

ERIKSON, ERIK H., *Enfance et Société*, Delachaux et Niestlé, Neufchatel, 1959.

ERIKSON, ERIK H., *Identity and the life cycle*, W.W. Norton and co, New York, 1980.

ERIKSON, ERIK H., *Luther avant Luther*, Flammarion, Paris, 1968.

FASOLD, RALPH, *The Sociolinguistics of Society*, Basil Blackwell, Oxford, 1984.

FELDMAN, ELLIOTT J. et NEVITTE (édité par), *The Future of North America: Canada, The United States and Quebec Nationalism*, Institut de recherches politiques, Montréal, 1979.

FISHER, JOHN, *The Afrikaners*, Cassel, London, 1969.

FOYE, BRIAN, *a Guide to Jack Kerouac's Lowell*, Corp. for Celebration of Kerouac in Lowell, 1988.

FRASER, MATTHEW, *Québec inc.*, l'Homme, Montréal, 1987.

FRÉGAULT, GUY, *La civilisation de la Nouvelle-France (1713-1744)*, Fides, Montréal, 1944.

GIBBINS, ROGER, *Conlict and Unity: an Introduction to Canadian Political life*, Methuen Publications, Toronto, 1985.

GIBBINS, ROGER, *Prairie Politics and Societies: Regionalism in Decline*, Butterworths, Toronto, 1982.

GIBBINS, ROGER, *Regionalism: Territorial Politics in Canada and the United States*, Butterworths, Toronto, 1982.

GIBBINS, ROGER, *Senate Reform: Moving Toward the Slippery Rope*, Institute of Intergovernemental Relations, Queen's University, Kingston, 1983.

GOODENOUGH, WARD H, *Language and Society*, Benjamin/Cummings Publishing Co., Menlo Park, 1981.

GRANT, GEORGE, *Est-ce la fin du Canada? — lamentations sur l'échec du nationalisme canadien*, Hurtubise HMH, Montréal, 1987.

GROULX, LIONEL, *Histoire du Canada français*, tome 2, Fides, Montréal, 1960.

GROULX, LIONEL, *Lendemains de conquête*, Stanké, Montréal, 1977.

GWYN, RICHARD, *Trudeau, the Northern Magus*, McClelland and Steward Lted, Markham,1981.

HAMEL, MARCEL-PIERRE, *Le rapport Durham*, Éditions du Québec, Montréal, 1948.

HARTZ, LOUIS, *The Founding of New Societies*, Harcourt, Brace & World, New York, 1964. En particulier, chap.7, par Kenneth McRae, «the Structure of Canadian History».

HODGE, CARL CANANAGH, «Canadian Regionalism or Canadian Federalism?», in *Occasional Papers* no 10, Department of Political Science, Carleton University, Ottawa, 1984.

HOFFET, FREDERIC, *Psychanalyse de l'Alsace*, Alsatia Colmar, 1973.

IMPRIMEUR DE LA REINE, *Rapport préliminaire de la Commission d'enquête sur le bilinguisme et le biculturalisme*, Ottawa, 1965.

LACHAPELLE, RÉJEAN et HENRIPIN, JACQUES, *La situation démolinguistique au Canada*, l'Institut de recherches politiques, Montréal,1980.

LACOUTURE, JEAN, *De Gaulle*, tome 3- *Le Souverain*, Le Seuil, Paris, 1986.

LAMBERT, W.E., «Qui sont-ils ces Canadiens?», in *Psychologie canadienne*, Montréal, octobre 1970, vol.11, no 4.

LANDRY, LOUIS, *...Et l'assimilation, pourquoi pas?* Les Presses libres, Ottawa, 1969.

LAROSE, JEAN, *La petite noirceur*, Boréal, Montréal, 1987.

LÉGER, JULES, *Textes et réflexions sur le Canada*, La Presse, Montréal, 1982.

LÉVESQUE, RENÉ, *Attendez que je me rappelle...*, Québec-Amérique, Montréal, 1986.

LIBERSON, STANLEY, *Language and Ethnic Relations in Canada*, John Wiley, New York, 1970.

LINTEAU, DUROCHER et al., *Le Québec depuis 1930*, Boréal, Montréal, 1986.

MALONE, MARC, *Une place pour le Québec au Canada*, Institut de recherches politiques, Montréal, 1986.

MIQUELON, DALE, *Society and Conquest: the Debate on the Bourgeoisie and Social Change in French Canada 1700-1850*, Copp Clark Publishing Co., Montréal, 1977.

MAHEU, ROBERT, *Les francophones du Canada 1941-1991*, Les éditions Parti pris, Montréal, 1970.

MONIÈRE, DENIS, *Le développement des idéologies au Québec, des origines à nos jours*, Québec-Amérique, Ottawa,1977.

MORIN, CLAUDE, *Lendemains piégés — du référendum à la nuit des longs couteaux*, Boréal, Montréal, 1988.

MORIN, EDGAR, *Sociologie*, Fayard, Paris, 1984.

NISH, CAMERON, «1760-1770», in *Colonists and Canadiens, 1760-1867*, J.M.S. Careless, Macmillan, Toronto, 1971.

NISH, CAMERON (recueil de textes de différents auteurs); *The French-Canadians 1759-1766. Conquered? Half-Conquered? Liberated?*, Copp Clark Publishing Co., Montréal, 1966.

O'SULLIVAN-SEA, KATHERINE, *Toward a Theory of Ethnic Nationalism: a comparison of Northern Ireland and Québec*, thèse de doctorat, Université de Chicago,1976.

PARMING, TONU, *The Nature of Ethnic Identity: the French-Canadians in Woonsocket*, thèse de doctorat, Université Yale, 1976.

PLANTE, DAVID, *The Country*, Atheneum, New York, 1981.

POLLARD, G. BRUCE, *Managing the Interface: Intergovernmental Affairs Agencies in Canada*. Institute of Intergovernemental Relations, Queen's University, Kingston, 1986.

RUMILLY, ROBERT, *Papineau*, Flammarion, Paris, 1934.

RUMILLY, ROBERT, *Histoire de la province de Québec*, tome 1 — *Georges-Étienne Cartier*, Valiquette, Montréal, 1940.

SILVER, A. I., *The French-Canadian Idea of Confederation*, University of Toronto Press, Toronto, 1982.

SIMÉON, RICHARD, *Confrontation et collaboration — les relations intergouvernementales au Canada aujourd'hui*. L'Institut d'administration publique du Canada, Toronto, 1979.

SIMÉON, RICHARD, *Les relations intergouvernementales*, Commission McDonald, vol. 63, Ottawa, 1986.

SYMONS, L. GLADYS, «Ideology and Social Change: Meech Lake and National Identity», version révisée d'une conférence prononcée à Vancouver, les 7-8 janvier 1988.

SMILEY, D. V., *The Federal Condition in Canada*, McGraw-Hill Ryerson, Toronto, 1987.

STEWART, WALTER, *True Blue/the Loyalist Legend*, Collins, Don Mills. 1985.

TREMBLAY, MARC-ADÉLARD, *L'identité québécoise en péril*, Saint-Yves inc., Sainte-Foy, 1983.

TRUDEAU, PIERRE ELLIOTT, *Le fédéralisme et la société canadienne-française*, HMH, Montréal, 1967.

WADE, MASON, *The French Canadians*, 1760-1911, vol.1, Macmillan, Toronto, 1968.

WALLACE, BROWN/HEREWARD, SENIOR, *Victorious in Defeat: the Loyalists in Canada*, Methuen, Toronto, 1984.

WALLOT, J.-P., *Un Québec qui bougeait*, trame socio-politique du XIXe siècle, Boréal Express, Montréal, 1973.

WEBER, MAX, *Le savant et le politique*, Paris, Plon, 1959.

WEINMANN, HEINZ, *Du Canada au Québec — généalogie d'une histoire*, l'Hexagone, Montréal, 1987.

TABLE

ESSAIS

Louis M. Azzaria / André Barbeau / Jacques Elliot, *Dossier mercure*
Louis Balthazar, *Bilan du nationalisme au Québec*
Jean-Michel Barbe, *Les chômeurs du Québec*
Robert Barberis, *La fin du mépris*
Alain Beaulieu / André Carrier, *La coopération, ça se comprend*
Charles Bécard, sieur de Grandville, *Codex du Nord amériquain, Québec 1701*
Yvon Bellemare, *Jacques Godbout, romancier*
Gérard Bergeron, *Du duplessisme à Trudeau et Bourassa*
Jacques F. Bergeron, *Le déclin écologique des lacs et cours d'eau des Laurentides*
Léonard Bernier, *Au temps du « boxa »*
Berthio, *Les cent dessins du centenaire*
Pierre Bertrand, *L'artiste*
Gilles Bibeau, *Les bérets blancs*
Denise Boucher, *Lettres d'Italie*
Denise Boucher / Madeleine Gagnon, *Retailles*
André-G. Bourassa / Gilles Lapointe, *Refus global et ses environs*
Gilles Bourque, *Classes sociales et question nationale au Québec (1760-1840)*
Jean Bouthillette, *Le Canadien français et son double*
Jacques Brault, *Alain Grandbois*
Marie-Marthe T. Brault, *Monsieur Armand, guérisseur*
Marcelle Brisson, *Maman*
Baudoin Burger, *L'activité théâtrale au Québec (1765-1825)*
Jacques Cartier, *Voyages de découverte au Canada*
Paul Chamberland, *Terre souveraine*
Paul Chamberland, *Un parti pris anthropologique*
Reggie Chartrand, *La dernière bataille*
Denys Chevalier / Pierre Perrault / Robert Roussil, *L'art et l'État*
Guy Cloutier, *Entrée en matière(s)*
Collectif, *Apprenons à faire l'amour*
Collectif, *Documents secrets d'ITT au Chili*
Collectif, *Écrire l'amour*
Collectif, *Écrire l'amour 2*
Collectif, *L'écrivain et l'espace*
Collectif, *Gaston Gouin*
Collectif, *La grande tricherie*
Collectif, *La lutte syndicale chez les enseignants*
Collectif, *Le Parti acadien*
Collectif, *Parti pris*
Collectif, *Prendre en main sa retraite*
Collectif, *Québec occupé*
Collectif, *La tentation autobiographique*
Collectif, *Une ville pour nous*
Suzan M. Daum / Jeanne M. Stellman, *Perdre sa vie à la gagner*
Serge Desrosiers / Astrid Gagnon / Pierre Landreville, *Les prisons de par ici*
Louise de Grosbois / Raymonde Lamothe / Lise Nantel, *Les patenteux du Québec*
Gilles de La Fontaine, *Hubert Aquin et le Québec*
Gilles des Marchais, *Poésisoïdes*
Pierre Drouilly, *Le paradoxe canadien*
Mikel Dufrenne, *L'œil et l'oreille*
Fernand Dumont, *Le sort de la culture*
Dupras, *La bataille des chefs*
Claude Escande, *Les classes sociales au cégep*

Louis Favreau, *Les travailleurs face au pouvoir*
Henri Gagnon, *La Confédération y a rien là*
Lise Gauvin, *Lettres d'une autre*
Michel Germain, *L'intelligence artificieuse*
Charles Gill, *Correspondance*
Arthur Gladu, *Tel que j'étais...*
Pierre Godin, *L'information-opium*
Alain Grandbois, *Lettres à Lucienne*
Pierre Gravel, *D'un miroir et de quelques éclats*
Pierre Graveline, *Prenons la parole*
Ernesto « Che » Guevara, *Journal de Bolivie*
Soren Hansen / Jesper Jensen, *Le petit livre rouge de l'étudiant*
Robert Hébert, *l'Amérique française devant l'opinion étrangère, 1756-1960*
Robert Hollier, *Montréal, ma grand'ville*
Gabriel Hudon, *Ce n'était qu'un début*
Jean-Claude Hurni / Laurent Lamy, *Architecture contemporaine au Québec (1960-1970)*
Yvon Johannisse, *Vers une subjectivité constructive*
Yerri Kempf, *Les trois coups à Montréal*
Jean-Daniel Lafond, *Les traces du rêve*
Michèle Lalonde / Denis Monière, *Cause commune*
Suzanne Lamy, *D'elles*
Suzanne Lamy, *Quand je lis je m'invente*
Gilles Lane, *Si les marionnettes pouvaient choisir*
Jim Laxer, *Au service des U.S.A.*
Michel Leclerc, *La science politique au Québec*
Jules Léger, *Jules Léger parle*
Francine Lemay, *La maternité castrée*
Claire Lejeune, *Âge poétique, âge politique*
Jean-Claude Lenormand, *Québec-immigration : zéro*
Michel Létourneux / André Potvin / Robert Smith, *L'anti-Trudeau*
Robert Lévesque / Robert Migner, *Camillien et les années vingt* suivi de *Camillien au goulag*
Charles Lipton, *Histoire du syndicalisme au Canada et au Québec (1827-1959)*
Jacques Mackay, *Le courage de se choisir*
Pierre Maheu, *Un parti pris révolutionnaire*
Jean Marcel, *Jacques Ferron malgré lui*
Gilles Marcotte, *Littérature et circonstances*
Gilles Marcotte, *Le roman à l'imparfait*
Robert Marteau, *Ce qui vient*
Jean Mercier, *Les Québécois entre l'État et l'entreprise*
Pierre Milot, *La camera obscura du postmodernisme*
Claude Morin, *Le pouvoir québécois... en négociation*
Jean-Marie Nadeau, *Carnets politiques*
Trung Viet Nguyen, *Mon pays, le Vietnam*
Fernand Ouellette, *Journal dénoué*
Fernand Ouellette, *Ouvertures*
Lucien Parizeau, *Périples autour d'un langage*
André Patry, *Visages d'André Malraux*
René Pellerin, *Théories et pratiques de la désaliénation*
Claude Péloquin, *Manifeste infra* suivi d'*Émissions parallèles*
Pierre-Yves Pépin, *L'homme éclaté*
Pierre-Yves Pépin, *L'homme essentiel*
Pierre-Yves Pépin, *L'homme gratuit*
Pierre Perrault, *Caméramages*
Pierre Perrault, *De la parole aux actes*
Pierre Perrault, *La grande allure, 1. De Saint-Malo à Bonavista*
Pierre Perrault, *La grande allure, 2. De Bonavista à Québec*

Joseph Pestieau, *Guerres et paix sans état*
Jean-Marc Piotte, *La pensée politique de Gramsci*
Jean-Marc Piotte, *Sur Lénine*
Henri Poupart, *Le scandale des clubs privés de chasse et de pêche*
Jérôme Proulx, *Le panier de crabes*
Revon Reed, *Lâche pas la patate*
Marcel Rioux, *Anecdotes saugrenues*
Marcel Rioux, *Le besoin et le désir*
Marcel Rioux, *Pour prendre publiquement congé de quelques salauds*
Marcel Rioux, *La question du Québec*
Marcel Rioux, *Une saison à la Renardière*
Guy Robert, *La poétique du songe*
Raoul Roy, *Jésus, guerrier de l'indépendance*
Raoul Roy, *Les patriotes indomptables de La Durantaye*
Jean Royer, *Écrivains contemporains, entretiens 1 (1976-1979)*
Jean Royer, *Écrivains contemporains, entretiens 2 (1977-1980)*
Jean Royer, *Écrivains contemporains, entretiens 3 (1980-1983)*
Jean Royer, *Écrivains contemporains, entretiens 4 (1981-1986)*
Jean Royer, *Écrivains contemporains, entretiens 5 (1986-1989)*
Stanley-Bréhaut Ryerson, *Capitalisme et confédération*
Rémi Savard, *Destins d'Amérique*

Rémi Savard, *Le rire précolombien dans le Québec d'aujourd'hui*
Rémi Savard, *Le sol américain*
Rémi Savard, *La voix des autres*
Rémi Savard / Jean-Pierre Proulx, *Canada, derrière l'épopée, les autochtones*
Robert-Lionel Séguin, *L'esprit révolutionnaire dans l'art québécois*
Robert-Lionel Séguin, *La victoire de Saint-Denis*
Jocelyne Simard, *Sentir, se sentir, consentir*
Jean Simoneau, *Avant de se retrouver tout nu dans la rue*
Jeanne M. Stellman, *La santé des femmes au travail*
Jean-Marie Therrien, *Parole et pouvoir*
Pierre Trottier, *Ma Dame à la licorne*
Paul Unterberg, *100,000 promesses*
Pierre Vadeboncœur, *La dernière heure et la première*
Pierre Vadeboncœur, *Les deux royaumes*
Pierre Vadeboncœur, *Indépendances*
Pierre Vadeboncœur, *Lettres et colères*
Pierre Vadeboncœur, *To be or not to be, that is the question*
Pierre Vadeboncœur, *Trois essais sur l'insignifiance*
Pierre Vadeboncœur, *Un génocide en douce*
Pierre Vallières, *Nègres blancs d'Amérique*
Pierre Vallières, *L'urgence de choisir*
Heinz Weinmann, *Du Canada au Québec*
Lao Zi, *Le tao et la vertu*

COLLECTION DE POCHE TYPO

CET OUVRAGE
COMPOSÉ EN TIMES CORPS 11 SUR 13
A ÉTÉ ACHEVÉ D'IMPRIMER
LE VINGT-HUIT NOVEMBRE
MIL NEUF CENT QUATRE-VINGT-ONZE
PAR LES TRAVAILLEURS ET TRAVAILLEUSES
DES PRESSES DE L'IMPRIMERIE GAGNÉ
À LOUISEVILLE
POUR LE COMPTE DES ÉDITIONS
DE L'HEXAGONE.